Gerlach Petri

Innige
Gespräche der Seele
mit Gott

Gerlach Petri

Innige
Gespräche der Seele
mit Gott

Schätze der christlichen Literatur

Band 19

Impressum:
© 2019 Conrad Eibisch (Hrsg. u. Bearb.)
Herstellung und Verlag: BoD – Books on Demand, Norderstedt.
ISBN: 978-3-75040-174-7

Approbation
der
Pariser Doktoren der Theologie.

DIE *Seelengespräche* des frommen Gerlach, regulierten Kanonikers aus dem Orden des heiligen Augustin, sind so voll göttlichen Geistes, daß sie durch dieses Merkmal zur Genüge begutachtet sind, und daher nicht unserer besonderen Begutachtung bedürfen. Wir haben dieselben mit allem Eifer und aller Aufmerksamkeit gelesen, und wurden davon so erbaut, daß wir dieses öffentliche Zeugnis auszustellen vermögen, darin nichts gefunden zu haben, was dem Glauben oder der Sittlichkeit zuwider sei, ja wir haben in diesem Werkchen eine solche vollkommene Geistesverwandtschaft mit dem Meisterwerk der *Nachahmung Jesu Christi* gefunden, welches gewöhnlich dem Thomas von Kempis zugeschrieben wird, daß mit Recht der Verfasser dieser herrlichen Gespräche ein zweiter Thomas von Kempis genannt wird, indem beide dieselbe Schreibart, denselben Geist, dieselben Grundsätze rücksichtlich der geistigen Vervollkommnung und Erbauung haben, was uns hoffen läßt, daß dieses letzte Werkchen, welches aus dem lateinischen Original in unsere Sprache übersetzt, durch den Druck veröffentlicht wird, nicht weniger günstig aufgenommen und nicht geringere Früchte tragen werde, als das erste, welches eine allgemeine Wertschätzung in der ganzen Kirche erhalten hat, und täglich noch ganz besondere Wirkung in den frommen Seelen hervorbringt.

Paris den 8. Dezember 1666.
Doktor Grennet, Pf.
Doktor Petitpied.

Vom Leben des Verfassers und seinem Werk.

GERLACH Petri, regulärer Chorherr vom Orden des heiligen Augustinus, geboren zu Deventer im Jahre 1378, erhielt die ersten Grundsätze seines geistigen und gottgefälligen Lebens in dem von dem ehrwürdigen Florentinus gestifteten und durch die fromme Lebensweise seiner Vorsteher in hohem Ruf stehendem Priesterkollegium seiner Vaterstadt. Von hier ging er in das Kloster Windesheim bei Zwoll, wo er im Jahre 1403 eingekleidet wurde. Wie er sich schon in früher Jugend dem Leben des Geistes zugewendet hatte, so strebte er von jetzt an mit allem Eifer und Ernst, sich selbst kennenzulernen, die Liebe Gottes in seinem Herzen zu entzünden und in der Betrachtung himmlischer Dinge sich zu üben, und bald leuchtete er seinen Mitbrüdern als ein Muster aller Tugenden vor. So wie er konnte keiner derselben vom Himmlischen sprechen; er war die keusche Taube, deren Stimme Tag und Nacht gehört wurde im Land der Lebendigen, denn sein Leben war im Himmel, da wanderte er unter den Chören der Engel als ein wahrhaft himmlischer Mensch liebend und schauend, und die Himmlischen gesellten sich hinwieder ihm bei. Wer seinen heiligen Lebenswandel beachtete und die Christenwürde in seinem ganzen Benehmen, der verehrte und liebte ihn, denn alles an ihm sprach deutlich aus: Hier ist eine Wohnstätte des Heiligen Geistes.

Er bat den Herrn, er möge ihn mit dem Bad der Buße und den Wassern der Trübsal, ehe er sterbe, reinigen, und hier schon, wie und wodurch immer es dem Herrn gefalle, sein Fegefeuer ihm verfügen. Und der gütige und gnädige Vater erfüllte das heilsame Verlangen seines Dieners, er prüfte und läuterte ihn wie Gold im Feuerofen durch die empfindlichsten Schmerzen des Steins. Dankbar gegen das Geschenk des Herrn war der fromme Knecht, und in größter Geduld ertrug er dies Leiden bis an sein seliges Ende im Jahre 1411.

Sein Buch *Innige Gespräche der Seele mit Gott*, die einzige Schrift, die wir von ihm besitzen, ist ein treuer Abriß seines inneren und äußeren Menschen und ein schönes Zeugnis seiner geistigen Vollkommenheit. Ein Zeitzeuge des gottseligen Thomas von Kempen, zeigt er sich auch als einen wahren Geistesverwandten desselben, so daß dem Buch die Ehre ward, *der zweite Kempis* zu heißen. In der Art und Form jedoch, wie hier diese Schrift vorliegt, schrieb selbige unser Verfasser nicht nieder, sondern, wie der Geist des Herrn ihn trieb, verzeichnete er seines Herzens Sprache, Empfindungen und Erfahrungen auf einzelne Blätter, und erst nach seinem Tode wurde das Ganze in die vorliegende Ordnung gebracht.

Innige
Gespräche der Seele
mit Gott

Gebet des Verfassers.

IM Geist der Demut, mit zerknirschtem und gebeugtem Herzen, wie Staub, der am Boden liegt, erniedrigt unter Himmel und Erde und allem, was darin ist, gänzlich verzichtend auf uns selbst, doch alles in Demut hoffend von dir, nahen wir uns wie arme, verlassene Schäflein, wie ein armes verirrtes Küken flüchten wir uns unter deine Flügel; nimm uns auf, o gnädigster Vater, nach deiner Barmherzigkeit.

1. Kapitel.
Derjenige, welcher sich sammeln will von der Zerstreuung seines Herzens, muß immer sein Ziel im Auge haben, und alle Tröstungen zurückweisen, die nicht von Gott kommen.

BEI allem, was mir begegnet, und auf mich Eindruck macht, will ich immer sorgfältig meinen Blick auf das Ende meines Lebens richten, und mich selbst fragen: welche Gesinnungen würde ich haben, und wie würde ich mich benehmen in dieser Angelegenheit, wenn ich bereit wäre, vor Gott zu erscheinen, und wenn er mich gegenwärtig zu sich rufen würde? Und wenn ich fände, daß diese Angelegenheit mir ein Hindernis meines Heiles sei, und ich selbst eine Mauer und eine Scheidewand zwischen mir und Gott errichtete, dann ist es mir besser, zu mir selbst und zu allem, was sich mir darstellt, und Eindruck auf mich macht, zu sagen: „Weiche von mir, Satan, du bist mir ein Ärgernis vor dem Herrn!" –Ich will mich auf diese Art innerlich üben, und äußerlich mich so benehmen, daß alle meine Handlungen, alle meine Bewegungen, mein ganzes Betragen ein öffentliches Zeugnis von mir ablegen, daß mein Reich nicht von dieser Welt ist, und daß es nichts auf der Erde gibt, was mich trösten kann.

Ferner will ich mich immer bei allen Ereignissen betrachten als ein gefallenes, zerbrochenes Gefäß, abgestorben der Welt, als Kot und Schmutz der Welt, als einen Menschen ohne Trost, von allen verlassen, unwürdig der geringsten Gnade Gottes, möge dieselbe sich auf den Leib oder die Seele beziehen –, als einen Menschen, der nicht einmal verdient, den Staub zu küssen, welchen die Auserwählten mit Füßen treten. Aber wenn auch verlassen von allen Geschöpfen, und leer von aller sinnlichen Tröstung werde ich nichtsdestoweniger ohne Freude sein. Von meiner Seite will ich gerne denselben entsagen und von Herzen darauf verzichten, ich werde alsdann erfahren, daß diese freiwillige äußere Armut für meine Seele ein Schatz im Innern sein wird, und ich werde eine große Freiheit finden, indem ich alles das nicht achte, was ein Mensch besitzen kann, der etwas sucht außer Gott, oder was nicht Gott ist. *Gesetzt, es geht mir alles nach Wunsch, und ich finde hier alle Bequemlichkeiten, so soll doch nichtsdestoweniger meine Seele widerstreben*[1], hierin einen Trost zu finden. Ich bin entschlossen, in jener Armut zu verharren, alle meine übrigen Lebenstage unbekannt der Welt zu leben unter den Menschen wie ein Fremder, mich zu betrachten wie einen Reisenden, der nichts hat, damit ich in dieser Armut sicher den Tag des Herrn erwarten kann, während ich zugleich sehr reich und sehr arm sein werde; sehr reich, indem ich nichts verlange, sehr arm, indem ich nichts besitze.

Ich will es auch vermeiden, mich auf irgend etwas oder auf irgendeinen zu stützen, ich will alle Kräfte anstrengen, um mich vollkommen mit Gott zu vereinen, denn alles auf Erden vergeht und verschwindet, und wenn ich mich stützte auf einen Menschen, der fällt, so würde ich am Ende mit dem Menschen fallen. Denn alle

---

[1] Ps. 76, 4.

Kinder der Menschen sind nichts als Eitelkeit, und kaum findet sich einer, auf dessen Tugendtreue man bauen kann, die nicht beinahe ganz erloschen ist.

2. Kapitel.

Der Mensch bedenke immer, daß er hier in der Verbannung lebe, damit er immer seine Zuflucht bei Gott suche, und vereint mit ihm nichts auf der Erde mehr verlange.

SO lange ich lebe will ich nie vergessen, daß ich mich hier auf der Erde in dem Land der Verbannung befinde, in einem immerwährenden Kampf, in einem Krieg, der nie enden wird. So wird es mir leicht sein, einen Winkel auf der Erde zu finden, und das Mittel, daselbst auszuharren die kurze Zeit, als meine Verbannung dauern wird. Und wenn ich glücklich genug wäre, um mich immer in der Vergegenwärtigung Gottes zu erhalten, die Dinge des gewöhnlichen Lebens zu gebrauchen, ohne die Reinheit meines Herzens zu verletzen, wenn ich die Gegenstände der Welt, welche meiner Bestimmung fremd sind, zurückweise, und mich von keiner Leidenschaft hinreißen ließe, was könnte ich weiter wünschen? Denn wenn ich alle Güter der Welt besitzen, und von einer unzähligen Menge Menschen gelobt würde, welchen Nutzen würde ich davon haben, wenn ich mit Gott in Zwiespalt wäre?

Mag ein anderer von Sorgen, so viel als er will, sich quälen lassen, mag er seine Hoffnung auf einen anderen setzen, und dieser andere wieder auf einen anderen, was mich betrifft, ich habe mich verlobt und geopfert meinem Gott, ich will nur auf ihn hoffen. Ich will mir keine Sorge machen wegen irgendeines Unglückes oder Ereignisses der Welt. Ich will nur eine Sorge haben, nämlich Gott anzugehören ohne Rückhalt. Denn Gott ist es, der über alle meine Bedürfnisse wacht, er ist es, welcher es auf sich nimmt, Sorge für mich zu tragen. Er ist es, der mir befiehlt, mich allein seinem Dienst zu widmen, mich nicht zu mischen in sein Wirken, ihn allein sorgen zu lassen für alles, was die Bedürfnisse des Lebens betrifft, und kein Hindernis zu setzen seiner Vorsehung durch meine Unruhe und meine eigene Habsucht. Es ist sein Wille, daß ich immer merke auf die Worte, welche er zum Innersten meines Herzens spricht: „Arbeite so viel du kannst, um dich in ein gutes Verhältnis zu mir zu setzen, und in meiner Gegenwart zu wandeln zu jeder Zeit, an allen Orten und bei jeder Gelegenheit, ohne dir eine Sorge daraus zu machen, ob du den Menschen gefällst, oder ob du ihnen mißfällst. Du wirst nichts gewinnen und nichts verlieren, sei es, daß du ihnen angenehm oder unangenehm bist. Bleibe in mir, und du wirst nichts verlieren, wenn du aller Dinge dich freiwillig enthältst, weil du nichts bedürfen wirst. Siehst du nicht, daß nur jene Dinge sich miteinander vereinen, welche einander ähnlich sind? Weißt du nicht, daß der wahre Ruhm keine Lust hat an einem eitlen unfruchtbaren Ruhm?“ Ebenso verwirft die Tugend, welche immer über alles erhaben ist, mit Verachtung die Lobsprüche und vorteilhaften Zeugnisse derjenigen, welche unterhalb derselben sind, weil sie immer sich selbst genügt. So ist auch der Zustand derjenigen, welche dieselbe von ganzem Herzen lieben, und welche ganz eins mit derselben geworden sind.

3. Kapitel.
In allen Dingen und besonders im göttlichen Dienst muß man erwägen den Beweggrund, der uns bestimmt zu handeln.

WENN nicht der Mensch ohne Aufhören in seinem Innern daran arbeitet, in allen Dingen und besonders in den gottesdienstlichen Verrichtungen den Beweggrund zu betrachten, der ihn zum Handeln bestimmt, so wird er bald in eine innere Gleichgültigkeit versinken, ohne daß er es merkt, er wird sich begnügen mit den Blättern, ohne sich um die Frucht zu bekümmern. Sein Geist, auf diese

Art versunken, wird nicht mehr fähig sein sich zu erheben zu seinem Ursprung und zu betrachten von neuem so viel als er könnte dieses undurchdringliche Licht, für welches er allein geschaffen ist; denn er hat ja nichts in sich, welches einen Bezug auf jenes hätte und weil die dichten Finsternisse, womit er erfüllt ist ihm jenes verhüllen. Gewöhnen wir uns doch daran in allen Dingen die ewige Wahrheit vor Augen zu haben, und gute Dinge so zu betrachten, wie die ewige Wahrheit selbst dieselben betrachtet. Strengen wir sodann alle unsere Kräfte an, um unser Inneres nach dieser Hinsicht einzurichten, und um mit scharfem Blick dem inneren Zug zu folgen, der uns aufwärts zieht zu dem allgütigen Herrscher.

4. Kapitel.
Mit welcher Ehrfurcht man dem Gottesdienst und insbesondere dem Opfer der heiligen Messe beiwohnen soll.

WIR wissen, mit welchem Übermaß von Liebe Jesus Christus sich mit unserem Fleisch bekleidet, wie er bei uns weilte in diesem traurigen Land der Verbannung, wie er dem geringsten und ärmsten aller Menschenkinder gleichgeworden ist in Drangsalen, in Tränen, in Seufzern, in Arbeiten und Verfolgungen während seines ganzen Lebens, wie er mit Gelassenheit den Zorn seiner Feinde ertrug, wie er sich selbst Leib und Seele aufopferte für unser Heil. Wir wissen, mit welcher Fülle von Liebe er sich seinem Vater am Kreuz, als ein lebendiges, heiliges, unbeflecktes Opfer dargebracht hat, um auf seine Schulter entzückt vor Freude das Schaf zu nehmen, welches verloren war. Derselben Liebe Übermaß ist es, weswegen er sich noch alle Tage für uns auf unseren Altären aufopfert. Und obgleich die vorzeiten erfolgte Aufopferung seiner selbst nur einmal erfolgt ist, so wird sie doch alle Tage in jedem Augenblick erneuert durch den Sohn, der da ist bei dem Vater mit dem Heiligen Geist auf eine so neue Art, als wenn sie abermals äußerlich erfolgt wäre. Deswegen sollten wir alle Tage dies anbetungswürdige Osterlamm empfangen, und zwar mit einer so glühenden und erneuten Andacht, als wenn Christus selbst soeben das Opfer darbrächte, welches er ehemals dem himmlischen Vater für unser Heil dargebracht hat.

5. Kapitel.
Man darf die Tugend nur allein üben aus Liebe zur Tugend.

ICH will mich wohl hüten, äußerlich zu zeigen, daß ich demütig und gesammelt bin, daß ich über meine Sinne wache, daß ich Zurückhaltung und Einfalt besitze, und zwar aus dem Grund, damit ich bemerkt werde, oder weil ich andere fürchte. Ich wäre immer unruhig und auf der Folter gespannt, wenn ich die Tugend aus dieser Absicht übte; wenn dieser Beweggrund sodann aufhörte, würde ich mich in Unstetigkeit und Unbeständigkeit befinden, und ich würde entweder in Leichtsinn versinken, oder in Traurigkeit nach den verschiedenen Ereignissen, die mir begegnen könnten.

So will ich diese Tugenden in Einfalt und nur in Hinsicht auf die ewige Wahrheit üben, überzeugt, daß sie Gott angenehm sind nicht bloß jetzt, da ich sie ausgeübt, sondern für die ganze Zukunft bis an das Ende meines Lebens. Deswegen werde ich alle meine Kräfte anstrengen, um darin ohne Aufhören Fortschritte zu machen, denn dies ist jener eigentümlich, welche die Unruhe und das Murren der Ungestümen eher beschwichtigen durch Bescheidenheit und die Gesittung ihrer Handlungen, als durch Worte.

Wir sollen nichtsdestoweniger uns wechselseitig ertragen mit aller Geduld und Sanftmut in allem, was weniger vollkommen und gesittet innerlich oder äußerlich erscheint. Denn das Elend, das jeder duldet, sei es an der Seele oder am Leib, ist Grund genug zu Leiden für ihn.

6. Kapitel.

Man muß seinen Gedanken und Neigungen zum Zorn durch
wahre Demut und durch Hinblick auf die ewige
Wahrheit Widerstand leisten.

WENN ich mich betrachte nach den Satzungen der Wahrheit und Gerechtigkeit, so finde ich nichts Gutes in mir. Ich sehe und erkenne, daß ich mich selbst verabscheuen muß, daß ich mich in einer beständigen Entfernung von Gott und der Wahrheit befinde, und endlich, daß ich die Eitelkeit selbst bin. Denn ich habe entehrt und ausgelöscht in mir das Ebenbild Gottes, und wenn dasselbe wieder hergestellt worden, so habe ich keinen Teil an diesem Werk. Gott allein ist es, der alles gemacht hat, und ich bin ihm diese Anerkennung schuldig, so daß in allem und durch alles der Ruhm und die Vortrefflichkeit der Tugend Gott allein zuzuerkennen ist und nicht mir. Alle Gedanken und alle Empfindungen, welche in mir entstehen können, und welche sich nicht passen zu diesen Gefühlen der Demut, welche die Wahrheit selbst ist, sind Gedanken des Fluches, der Eitelkeit und des Abscheus vor Gott.

Deswegen will ich dieselben mir selbst nicht verschleiern, und sie nicht entschuldigen, als wenn ich in der Tat etwas durch mich selbst wäre. Ich werde mich vielmehr bestreben, mich zu erniedrigen und mich zu verachten, in der Erwägung, daß ich innerlich so viel als nichts bin, ohne noch mich zu verweilen bei der Betrachtung, wie mein Wesen in Gott gegründet ist. Mutig will ich alle diese Gedanken zurückschlagen, um mich selbst immer mehr zu überzeugen, daß dieselben nicht aus der Wahrheit und Gerechtigkeit quellen, sondern daß sie nichts sind als Eitelkeit und Trug, oder, um es besser zu bezeichnen, der Teufel selbst. Denn sobald ein Mensch, der strebt treu seinem Gott zu verharren, empfindet, daß in seinem Herzen Regungen des Zornes oder der Gefallsucht sich erheben, sobald in seinem Herzen eine Freude entstanden ist, welche nicht zur Genüge züchtig und zur Genüge rein in Hinsicht der Gaben, die Gott ihm verliehen, oder eine menschliche Furcht, zu mißfallen den Menschen, oder irgendeine andere fremde Begierde, so hat alsbald die Schärfe seiner inneren geistigen Augen abgenommen, wenigstens zum Teil, und dieselben sind dadurch getrübt worden. Wenn er sich nachher aufmerksam betrachtet, so wird er klar sehen, daß diese Regungen gleichsam einen Schleier zwischen ihm und der Wahrheit bilden, welcher seine Zweifel, Sorgen und Ängstlichkeit mehrt. Denn diese unreinen Regungen der Eitelkeit sind immer begleitet von diesem unseligen Gefolge, wo immer dieselben Eingang gefunden haben. Er wird fühlen, daß sein Vertrauen auf Gott sich vermindern wird, und er wird sich dieser traurigen Notwendigkeit unterworfen sehen, so lange bis alle Eitelkeit, von der er besessen ist, sich vollständig verflüchtigt durch die Anwesenheit und das Licht der Wahrheit. So sind es allein die Demut und die Wahrheit, welche das Herz sichern und es befreien. Alles übrige dient nur dazu, um es mehr und mehr zu verstricken, und es immer ängstlicher zu machen. Alle diese Dinge sind nichtswürdig und gemein vor den Augen der Wahrheit, und vermögen den Blick derselben nicht zu ertragen. Allein hier vermag die Wahrheit noch nicht mit solcher Alleingewalt in meiner Seele zu herrschen, daß ihr der Anblick und das Bewußtsein zuteil werden könnte, alle diese Dinge seien in nichts verschwunden.

7. Kapitel.
Eigenliebe und Eigennutz hindern die Seele,
in der Tugend vorwärtszuschreiten.

DIE Ohnmacht, in der ich mich befinde zu folgen, der unerforschlichen Höhe, Breite und Tiefe der allein gebietenden Liebe, welche alle Liebe der Geschöpfe in unendlichem Maß übertrifft, und zu gelangen zu dem unermeßlichen Bereich derselben, ist ein

Zeichen, daß ich mich noch selbst suche, daß meine Eigenliebe mich noch in ihren Banden gefesselt festhält, daß ich meine Ruhe gründe in Dinge, die mir schmeicheln, und daß ich jene Dinge fürchte, die mir bitter sind, wie die Verachtung, Demütigung, die geringe Meinung, die man von mir hat. Deswegen werde ich sorgfältig, wenn ich irgendein Hindernis in meiner inneren Vervollkommnung merke, prüfen, ob es vernünftig sei, mich durch einen solchen Gegenstand zurückhalten zu lassen und wenn dies nicht der Fall ist, so werde ich mich mit Gewalt erheben und daran vorübergehen, ohne mich dabei aufzuhalten. Denn nicht leicht darf man seine innere Gemütsstimmung stören und sich in seinen Fortschritten in der Gottseligkeit hemmen lassen. Da Jesus Christus es ist, der selbst unsere Herzen erleuchtet, wer kann uns blenden? Da Jesus Christus es ist, welcher den Frieden unseren Seelen verleiht, wer vermöchte denselben zu trüben? Da Jesus Christus es ist, der uns in Freiheit setzt, um vorwärtszuschreiten in der Vervollkommnung, welches Geschöpf, welcher Gegensatz, welches Schicksal vermöchte uns aufzuhalten? „Ich bin es", spricht er, „der mein Heiligtum heiligt und ich dulde nicht, daß man mich entehrt. Ich habe dasselbe in einen heiligen Friedenszustand versetzt in Mitte des Getümmels, und ich kann es durchaus nicht zugeben, daß irgend etwas Fremdartiges in meinen heiligen Tempel einzieht oder sich niederläßt; denn ich weiß, daß es nichts von genügendem Wert gibt, um eine Seele, welche vollkommen mit mir vereint ist, zu verwirren, oder niederzuschlagen."

Dieses ist ein bedeutender Mangel der Seele, sich mit nichts zu beschäftigen, als mit niedrigen und nichtigen Dingen, oder sich zu verwickeln in unnütze Sorgen für Dinge, welche vielleicht nie eintreten werden; denn sie kann ja ungehindert sich erfreuen ihrer Gaben und ihrer Würde in dem, der die Quelle und Ursprung derselben ist.

Möchte dieselbe sich doch hüten, in ihrem Lauf auf der Tugendbahn sich hemmen oder schwächen zu lassen durch Dinge dieser

Erdenwelt. Denn was die Dinge des Himmels betrifft, so hat dieselbe nicht nötig zu fürchten, dieselben möchten ein Hindernis für ihren Fortschritt werden; weil dieselben die Seele nicht allein nicht erniedrigen, vielmehr sie erheben, und sie einladen ohne Unterlaß auf tausendfache verschiedene Art zu verweilen bei ihnen vor dem Angesicht Gottes, und zu wandeln in einem für das Herz unendlichen Bereich, worin dieselbe nichts findet, was sie beengt, wo sie sich vielmehr erfreut einer vollkommen freien und vollkommen göttlichen Aussicht, welche nie dulden wird, daß das Auge ihres Herzens von Finsternissen umhüllt, oder durch die geringste Wolke umschleiert wird.

8. Kapitel.
Von der wahren Freiheit und von der Glückseligkeit der Seele, welche sich Gott gleichförmig macht.

IST dir verborgen", spricht die himmlische Braut im Geist der Wahrheit, „daß ich die Macht gehabt habe, durch die Gnade Gottes, mir unverhüllt vor Augen zu stellen, so unvollkommen ich auch bin, die ewige und unwandelbare Wahrheit, dieses Wesen, welches immer dasselbe verbleibend nie sich ändert, welches ewig das ist, was es ist, das allein wahrhaft in alle Dinge sich ausgießt und nichtsdestoweniger immer vollkommen in sich selbst verbleibt."

Die Seele, welche nach Gleichförmigkeit mit Gott strebt, vermag sich nicht nur von den gröbsten Truggestalten zu befreien, sondern auch von allen Bildern, die sich in derselben bilden, während sie ihre Blicke auf die Wahrheit und auf dieses Wesen heftet, welches erhaben ist über alle geschaffene Wesen. Denn wenn sie eine Sache betrachtet, betrachtet sie dieselbe nicht, wie ein reines Nichts, sondern sie entdeckt daselbst Gott, welcher alle Dinge erfüllt, die geringsten wie die größten. So vermag nichts dieser Seele zu schaden oder ihre Stimmung zu verändern. Denn wenn selbst die Bilder der Dinge, welche gut und rein sind, nicht imstande sind in ihr diese Wirkung hervorzubringen, so flüchtig dieselbe auch immerhin sein könnte, mit wieviel mehr Grund läßt sich erwarten, daß jene Bilder, welche sie in Finsternis stürzen und ihre Ruhe stören können, und vor welchen sie folgerichtig mehr Abscheu hat, einen Vorteil über sie erringen könnten?

Diese Seele, welche auf diese Art ihre Bande gebrochen, sich befreit und in der Tugend befestigt hat, ist nicht weniger glücklich, wenn sie ausgesetzt den Augen der Welt wandelt, als wenn sie in ihrem Haus verweilt; wenn sie mit den Menschen umgeht oder in der Einsamkeit verbleibt; bei den Arbeiten des Lebens, oder in der Ruhe; im Glück oder im Unglück, überhaupt in allen Begriffen und in allen Verhältnissen, worin sie sich befindet ist sie, weil sie sich vor den Augen der Wahrheit als einem Ort ebenso wie an einem anderen befindet und weil sie durch brennende Liebe mit der Wahrheit und Glückseligkeit so viel als möglich vereint ist, selbst teilhaftig der Wahrheit geworden.

Denn die wahre Freiheit der Seele besteht vorzüglich darin, nichts in dieser Welt zu lieben, weder Ehre noch Achtung, noch seine Vorteile und besonderen Interessen.

Sie findet ihre Ruhe selbst nicht in den Beschäftigungen, die ihr am nötigsten sind. Ihre Neigungen werden nicht geweckt durch unlautere Reize der geringsten geschaffenen Sache.

Endlich kann sie ohne Schmerz ertragen den Verlust alles dessen, was sie zu besitzen scheint, weil die Wahrheit, welcher sie ergeben bleibt, nichts vonnöten hat und niemals eine Abnahme in ihrem Licht zuläßt. Sodann hat diese Freiheit der Seele weder Leiden noch Unannehmlichkeiten, weder Arbeiten noch Schmerzen zu scheuen.

Und wenn sie auch zurzeit frei und gar nicht beunruhigt, oder niedergeschlagen durch ihre Erinnerungen ist, so fühlt sie demungeachtet keinen Schmerz, und nicht die geringste Scham ergreift sie, wenn man sie tadelt, zurechtweist, oder sie erniedrigt, weil sie diese

Angriffe nur insoweit veranlaßt, als die Wahrheit es will, und zu erkennen gibt, daß es nötig sei.

9. Kapitel.

Von der Frucht der himmlischen Freiheit und von der Herrlichkeit, welche der Seele zuteil wird, welche sich Gott gleichförmig macht.

ICH habe dir bewilligt", spricht der Herr, „deinen Blick zu mir zu wenden, um mein Angesicht zu schauen, damit was in dir mir gleichförmig ist, soviel als es nur vermag, den Eindruck und die Züge meiner Schönheit empfange.

Ich habe sowohl dein ganzes äußeres Benehmen geordnet, daß du die Oberhand behaupten wirst über alle jene, welche sich gegen dich erheben, um dich anzufeinden, und insbesondere über die unsichtbaren Feinde, welche deinem Geist Widerstand leisten.

So werden sie nicht mehr vor dir zu bestehen vermögen, noch werden sie vor deinen Augen erscheinen können, weil die Wahrheit sie so klar und scharf gemacht hat, daß du leicht alle Hindernisse, welche sie dir bereiten können, entdecken und zerstören wirst.

Ebenso wirst du dich immerdar erneuern und von allen unnützen Dingen entfesseln, du wirst in meiner Gegenwatt in Freiheit verbleiben, und nicht zuschanden werden."

Denn dieser Erkenntnis, die die Wahrheit verleiht, folgt keine Verwirrung, keine Unruhe, kein Zweifel, keine Furcht, weil die Seele sich vollendet sieht in dem, der die Einheit selbst ist, so daß sie nun *Einen* Gegenstand und *Einen* Geist mit ihm ausmacht oder vielmehr indem diese Einheit, welche Gott ist, sich gleichsam in sie hineingeschaffen hat.

Ebenso vollbringt sie alle ihre Werke in Gott, oder vielmehr wirkt derselbe so in ihr, daß nicht sofern sie es ist, welche wirkt, sondern daß sie selbst das Werk Gottes ist.

Und so schwach sie auch sein mag, wird sie an keinem Ort, zu keiner Zeit und selbst nicht in den ungünstigsten Verhältnissen sich dem inneren Zug entziehen, welcher sie dergestalt in Gott umwandelt, sondern in Betrachtung der gewaltigen Macht, welche Gott über sie hat, erkennt sie, daß Gott sie immer zu einem tauglichen Werkzeug für alles machen kann, was ihm, durch ihre Vermittlung auszuführen, gefallen wird.

Wenn auf diese Art die Seele in allen ihren Regungen wohlgeordnet ist, erkennt sie in der Wahrheit, daß Gott es ist, welcher durch ihre Augen sieht, welcher durch ihren Mund spricht, welcher durch ihren Ohren hört, und welcher ebenso in allen Verrichtungen ihres Körpers auf die reinste Art handelt, so daß die Worte des Propheten Jesaia in Erfüllung gehen: *O Gott, du hast all unsere Werke in uns gewirkt.* Damit in allen Dingen nichts dem Menschen verbleibe, womit er sich als durch eigene Kraft und eigenes Verdienst gewirkt rühmen könne, sondern damit er sich einzig und allein in Gott rühme, von dem alles Gute hervorquillt, und in der demütigen Anerkennung seiner eigenen Nichtigkeit, so daß, indem er sich in sich vollkommen verloren findet, und sich nicht mehr daselbst finden kann, er sich nur in Gott wiederfindet, wo er in tiefer Ruhe und in vollkommener Sicherheit verweilt.

Er ist voll unendlicher Freude, daß Gott ihm durch dieses Mittel allen Grund hinwegnimmt, um sich in sich selbst zu rühmen, *damit Gott alles in allen Dingen sei,* wie der heilige Paulus sagt; er befindet sich in einem so glücklichen Zustand, daß er nicht notwendig hat, sich zu rühmen oder zu loben, weil sein Herz erfüllt ist, und weil die wesentliche Fülle es ist, welche seine ganze Fülle ausmacht.

Denn wenn er noch fähig wäre, zu suchen und zu verlangen nach Ruhm, so würde er in diesem Fall zu erkennen geben, daß er durchaus leer ist und daß er keinen Ruhm verdient, weil er ihn nicht außen suchen kann, da er in seinem Innern leer ist, und er von Eitelkeit erfüllt ist.

Es ist deshalb notwendig, daß der Mensch stets gesammelten Geistes verbleibe, daß er Gott allein lebe, daß er alles hingibt, um den zu besitzen, der sein alles ist, so daß er für nichts mehr Empfindung hat, was ihn beengt, oder ihn hindert, in der Freiheit des Geistes zu wandeln.

Denn wenn er sich etwas vorbehält, so wird er zu erkennen geben, daß er ohne Scham für den Besitz eines Gegenstandes Gott verkauft hat; indem Gott uns alle Dinge gibt in Hinsicht auf das eine und einzige Geschenk, welches er uns in sich selbst verleiht, damit er unser alles sei und wir immer in der Fülle und nie im Mangel leben.

10. Kapitel.
Von der Beherrschung der Blicke unserer Seele und unseres Körpers; wie der Mensch sich vollkommen Gott gleichförmig zu machen vermag.

ES ist nicht genug zu denken, sondern man muß durch eine lange Erfahrung überzeugt werden, daß die Seele denjenigen betrachtet, der die Vergangenheit, die Gegenwart und die Zukunft mit einem einzigen Blick schaut, und daß er zu derselben spricht: „All deine Wege sind offen vor meinen Augen, in welcher Lage du dich auch immer befinden magst.

Sei es, daß du vor meiner Gegenwart wandelst und daß du mit einem vollkommenen Herzen lebst, sei es, daß du umherirrend und flüchtig bist, und von jedem Wind dich bewegen läßt, so bleibe ich bei allen Begegnissen derselbe, und ändere mich niemals."

O wenn du bei meiner Betrachtung sehen könntest, wie ich stets in mir selbst verbleibe, stets derselbe und stets unwandelbar, daß es in mir keinen Anfang und kein Ende gibt, sondern daß ich derjenige bin, welcher ich bin, du könntest dich dann losmachen von dieser Unbeständigkeit und von diesem beweinenswerten Leichtsinn, der dich beherrscht, um einigermaßen mit mir ein und dieselbe Sache zu sein und zu werden, was ich bin.

Dieser Blick ist so stark und mächtig, daß er auf eine unaussprechliche Weise alle inneren Kräfte des Menschen erschüttert, nicht allein die der Seele, sondern auch die des Körpers.

Er bewirkt, daß sie in eine solche Ohnmacht sinken, daß sie nicht mehr dessen Glanz zu ertragen vermögen. Deswegen wird immer sein Blick, ohne Besorgnis wegen der Finsternisse, immer mehr reiner und immer mehr gleichförmiger demjenigen, welchen sie erblickt, und alle eitlen und fremdartigen Dinge, welche nicht Gott sind, vergehen wie der Rauch durch die Einwirkung eines heftigen Sturmwindes.

Auch der äußere Mensch wird dadurch mehr geregelt und einfach und benimmt sich mit so viel Bescheidenheit, Sanftmut, Demut und Herablassung in allen Dingen, daß er ähnlich wird David, von dem die Heilige Schrift spricht: *Dieser treue Diener ging aus und ein nach dem Gebot des Königs.*[2]

Auf gleiche Weise tritt auch er ganz vollkommen in diese Gleichförmigkeit mit Gott, welche ihn fähig macht, alle Dinge zu betrachten mit einem sich stets gleichbleibenden Geist, ohne selbst durch die größten Übel beunruhigt und durch die größten Güter schlaff zu werden, vielmehr erneuert er sich ohne Unterlaß in diesem festen und sicheren Blick, womit er den betrachtet, der ewig im Gleichgewicht sich erhält. Er wird sich gewöhnen nach und nach sich in dieser Geistesstimmung zu befestigen und unverändert zu verbleiben aus Besorgnis, durch ein unvorhergesehenes Ereignis überrascht zu werden, und in Mißmut und Zerstreuung zu fallen.

Wenn er treu ist in diesem Punkt, so wird Gott, welcher allgewaltig ist, nicht zulassen, daß diese Gleichförmigkeit, welche er mit ihm besitzt, gestört werde durch Unruhen seines Körpers oder seiner Seele,

---

[2] I. Kön. 22, 14.

oder durch die Mühsale und Zerstreuungen, welche ihm begegnen könnten.

Da er alles Gott ist, und sich nichts für sich selbst vorbehalten hat, wird er Trost finden in allen Übeln, welche ihm von Gott, oder vom Satan, oder von den Menschen kommen.

Er wird selbst die furchtbarsten Übel ansehen, vernehmen und sich vorstellen können, ohne dadurch in Erstaunen zu geraten, weil er nichts besitzt, was er verlieren kann und weil er ganz Gott angehörend versichert ist, daß Gott nichts von dem der ihm angehört, zugrunde gehen lassen wird.

Aber wie könnte man einen so großen Schatz einem solchen anvertrauen, der niedergeschlagen und entmutigt wird bei den geringsten Widerwärtigkeiten, die ihm alle Tage begegnen oder seine Genugtuung bei den größten Kleinigkeiten in und außer sich sucht?

Wo ist da zu finden die freiwillige Aufopferung seines Körpers und seiner Seele, welche man üben soll bei den furchtbarsten Übeln, – sei es, daß sie gegenwärtig, oder nahe sind, – durch die Gleichgültigkeit gegen sich selbst?

Wo ist da zu finden dieser reine, dieser helle Blick der unwandelbaren Wahrheit, womit man alle Dinge betrachten soll?

Ein solcher beschäftigt seine Gedanken und seine Einbildungskraft, daß er auf jede Sache Rücksicht nimmt, obgleich sie an sich nicht böse ist, und er verwirrt auf diese Art seinen Geist mannigfach, da er nicht fähig ist, jenen zu betrachten, der die Einheit selbst ist und in sich alle Dinge begreift; – ich sage nicht allein bei dem Umhertreiben und den verschiedenen Beschäftigungen, welche ihn teilen, sondern selbst beim Gottesdienst, wo er mehr aufmerksam und gesammelt sein sollte – so sehr ist er bedeckt und umgeben von Finsternissen, welche diese Zerstreuung in ihm hervorgebracht hat.

Wenn dieser Mensch sich auf diese Art zerstreut, und die Sammlung seiner Seele durch die Verirrung seiner Gedanken verliert, obgleich sein Beruf, die Zeit, der Ort, die Ruhe und so viele andere Hilfsmittel ihn zu sich selbst zu rufen scheinen, was wird er beginnen inmitten des Getümmels der Welt und den Beschäftigungen seines Amtes?

Wenn sein Geist sich auf diese Art verliert in den Ereignissen, die ihm begegnen, wenn er unterliegt da er die anderen aufrichten sollte, wenn er seinen eigenen Nutzen den Bedürfnissen des Nächsten vorzieht, wenn es ihm an Mut gebricht bei den widrigen Ereignissen, wenn er nicht mehr Herr über sich ist, wenn er sich einer fremden Macht unterwerfen läßt, so muß ohne Zweifel ein ziemlich dichter Schleier zwischen Gott und ihm sein, der ihn verhindert einzutreten in das Heiligtum und ihn zu betrachten.

Und obgleich dieser Mensch äußerlich teilnimmt an den heiligen Geheimnissen, so geht nichtsdestoweniger diese göttliche Herablassung und dieses höchste Gut, welches sich selbst mitteilt, welches in der Seele in dem Maß wirkt, als ihre Stimmung vollkommen oder weniger vollkommen, unsichtbar ohne Wirkung auf ihn vorüber.

Und was am meisten in Erstaunen setzt, umgeben von diesen heiligen Geheimnissen schaut er sie, aber mit großer Trockenheit, ohne zu erwägen, was in ihnen verborgen ist, oder nachzudenken, was sie enthalten oder zu welchem Zweck man sie feiert.

So geht er leer von dieser so reichen und von himmlischen Genüssen überströmenden Tafel hinweg, obgleich er äußerlich sich sehr oft dabei einfindet.

11. Kapitel.

Von der verborgenen Anmut des inneren Kreuzes.
Man soll mit Ausdauer darin verharren.
Mit welcher Gesinnung wir uns demselben unterwerfen sollen.

VERLANGE mit Eifer die Gaben des Heiligen Geistes, welche die trefflichsten sind.

Es genügt nicht, wenig Neigung zu eitlen und unnützen Dingen zu haben, man muß auch Eifer und Kraft besitzen, um Gutes Tag und Nacht zu wirken ohne Aufhören.

Wie ein Riese muß man vorwärtseilen auf dem Weg Gottes, und mit Liebe den Kampf bestehen, der sich darbietet, das heißt, man muß tragen das Kreuz des Herrn.

Denn unser ganzes Leben ist und muß nichts als ein beständiges Kreuz sein, dessen Süßigkeit niemand kennt, als der es gekostet hat.

Das Kreuz ist so süß und gibt einen so tiefen Frieden demjenigen, der es liebt, daß derselbe nur Bitterkeit empfindet, sobald er sich davon entfernt.

Denn welches Gut ist nicht enthalten in dem Kreuz, da es die Länge, die Breite, die Höhe und die Tiefe alles dessen enthält, was man in den Schranken der Reinheit lieben kann.

Alle diese Vorteile begegnen sich in dem Kreuz; derjenige, der hier verweilt mit Ausdauer wird sich immer und allenthalben in Freiheit befinden, wohin er immer gehen will; im Gegenteil, wenn er sich davon entfernt, wird er dergestalt in der Enge sein, daß er sich von allen Seiten eingeschlossen sehen wird.

Derjenige, welcher alle seine Angelegenheiten nicht so einrichtet, daß er ohne Unterlaß bei dem Kreuz mit Jesus Christus verharrt, entfernt sich davon leicht, und was zu bejammern ist, er fühlt nicht mehr die Bitterkeit seiner Entfernung, weil er nicht gekostet hat die Süßigkeit, welche man empfindet, wenn man sich demselben ergibt.

Er entfernt sich davon, so oft er seine Blicke auf die eitlen Dinge wendet, welche ihn von Gott trennen, – was doch vor seinen Augen ein Greuel ist, – so oft er mutlos wird und sich hingibt dem Mißmut in der Ausübung seines Amtes, so oft er von irgendeiner fremdartigen Furcht durchdrungen ist, so oft er sich von Leidenschaften oder Unruhen umhergetrieben fühlt, oder so oft er seinen Geist belästigt mit der Lust nach vergänglichen Dingen und mit der Sucht seiner besonderen Genugtuung.

Mit Festigkeit und Ausdauer in dem Kreuz verharren, dieses heißt, alle seine Kräfte anstrengen, um das Gleichgewicht des Geistes zu erhalten, und zwar zu jeder Zeit, an jedem Ort, bei jeder Gelegenheit, bei glücklichen, bei unglücklichen Ereignissen und bei allen Begebenheiten, die uns zustoßen können.

In dem Kreuz verharren heißt: niemals bei allen sich darbietenden inneren oder äußeren, zeitlichen oder ewigen Vorteilen sich selbst suchen, und auf diese Art in Gott allem absterben.

Im Kreuz verharren heißt: selbst nicht in der Freude des Heiligen Geistes als in einem Gut, das uns angehöre, seine Beruhigung finden, und auch nach nichts außer oder innerhalb uns greifen, was wir uns aneignen oder worin wir uns selbst suchen könnten, damit man uns bei allen Ereignissen des Lebens, seien sie günstige oder widrige, öffentliche oder häusliche, nie murren oder streiten oder ein Zeichen von Unruhe und Verfinsterung des inneren Lichtes an uns sehe, sondern auf daß unsere Seele wohlregiert die Geduld bewahrt in dem Innern ihres Herzens, mit einem immer gleichen Blick, der immer demütig und friedlich ist, ohne daß ihn irgend etwas trüben könnte.

Bequemlichkeiten und Unbequemlichkeiten des Lebens sind einer solchen Seele gleich, weil sie weder durch die einen schlaff, noch durch die anderen niedergeschlagen wird; vielmehr, da sie erkennt und fühlt, daß ihre Natur sie zu bewegen sucht, nach Ruhe und Bequemlichkeit zu streben, wird in ihr das Verlangen rege diesen Gedanken und diese natürliche Neigung zu töten, und wünscht deshalb mit heißer Sehnsucht die Leiden, weil sie weiß, daß sie darin nicht ihre Befriedigung finden wird.

Dieses ist der rechte Weg des Herrn, der ganz erfüllt ist mit jener Zuversicht und Ehre, welche man in Gott besitzen soll, das ist der Weg auf dem man sich nie verirrt und außerhalb dessen man nur Verdruß, Furcht, und Zweifel findet, indem man sich den Feinden seines Heiles bloßgestellt, und von Gott abgekehrt erblickt. Wenn man aber das Kreuz Jesu Christi nur deswegen liebte, weil man darin eine große Sicherheit und Freiheit findet, welche uns aus der Enge losmacht, so würde diese Liebe nicht rein sein, und indem du auf diese Art das Kreuz liebtest, so würdest du dich davon entfernen.

Wenn der Mensch dem Kreuz ergeben bleibt, wenn er sich vollkommen Gott hingibt und ganz ohne Rückhalt angehört, so gibt sich ebenfalls Gott, gleichsam zum Gegengeschenk, einigermaßen sich ganz ihm hin; er wird ihm ganz angehörig und läßt ihn in eine Fülle eintreten, in welcher er nichts mehr nötig hat und nichts mehr wünscht. Wer kann genug bewundern ein solches Gegengeschenk!

Aber wenn der Mensch sich nicht Gott unterwirft, wenn er sich nur bestrebt, ihm zu gefallen wegen der Vorteile, die er von ihm empfängt, dann sind seine Unterwerfung und seine Bestrebungen nicht rein, und haben nicht diesen Umfang, wie die vollkommene Vereinigung mit dem Kreuz; ebenso wenn man das Kreuz nur in dieser Hinsicht betrachtet, so heißt dieses so viel, als von demselben noch entfernt sein.

Obgleich derjenige, welcher wahrhaft das Kreuz liebt, einigermaßen allen Dingen abgestorben scheint, so ist er nichtsdestoweniger verbunden, Munterkeit zu zeigen, und sich ohne Anstand so viel es nötig ist, und die Wahrheit ihm zu erkennen gibt, in alle, große und kleine Geschäfte zu wagen.

Ebenso soll er in dem, was er notwendigerweise dem Körper geben muß, oder was den Schlaf, die Ruhe, die Mahlzeit betrifft, über sich wachen, und eine so reine und einfältige Absicht haben, daß nichts derselben anklebt, was ihm vor Gott zur Schande gereichen könnte.

Wenn ihm ein betrübendes Ereignis begegnet, so soll er sich erinnern, daß er am Kreuz Jesu Christi hängt; dieses ist es allein, was ihm gebührt und was er verlangen soll, nämlich das Kreuz.

Es ist ihm sogar vorteilhaft, wenn ihm das Kreuz hart und unerträglich erscheint, bis er danach verlangt, und es nach seinem ganzen Umfang in seinem Herzen trägt.

Wenn es Eigenschaften gibt, die seinem Körper fehlen und die er nicht von Gott empfangen hat, so hat das für ihn nichts zu bedeuten, und wie er nicht viel glücklicher ist, wenn er sie besitzt, so ist er auch nicht viel unglücklicher, da er dieselben nicht besitzt.

Gott will nicht, daß er sich deshalb betrübe, oder daß er sich deshalb für weniger glücklich halte, weil manche, welche diesen Mangel an ihm nicht ertragen können, ihm nur mit ungünstigem Blick begegnen.

Er soll sich deshalb nicht entsetzen, und wenn selbst die Wahrheit Jesu Christi Feinde gehabt hat, die derselben widersprochen haben, so mag auch unsere Schwäche solche haben.

Es ist unmöglich, daß ein Mensch allen zu gefallen vermöge. Selbst Jesus Christus vermochte das nicht, obgleich sein Leben so vollkommen gewesen ist.

Nichtsdestoweniger soll er an diesen Mängeln in Demut alles zu verbessern suchen, was er davon entfernen kann und kein Mittel unterlassen, welches dazu beitragen kann.

Derjenige, welcher auf diese Art vereinigt mit dem Kreuz Jesu Christi leben wird, hat kein Übel zu befürchten weder bei Tag noch zur Nachtzeit.

Er wird selbst nicht fürchten die Qualen der Hölle, weil er sich stark fühlt, alle Übel zu erdulden, je nachdem Gott sie zuläßt, oder sie verhängt zu seiner noch größeren Verherrlichung.

In der Tat, wenn er wahrhaft die Gerechtigkeit liebt, so wird er sogar jene Züchtigungen lieben, indem Gott einigermaßen ihn strafen will für seine Vergehen und bedauernswerten Verirrungen, und er nichts anderes verlangen können.

Ja wenn es selbst Gott gefällt, daß er in dem Reinigungsort leide, um von allem, was er gegen seine Gerechtigkeit und Wahrheit verübt, ihn zu reinigen, so hat er kein anderes Verlangen, das dem Willen Gottes widerspräche.

Sterben und Leben ist für ihn ein und dasselbe.

Er wird nicht betrübt wegen des Verlustes eines fremden Gutes, sowie er sich nicht darüber erfreut und seine Ruhe darin findet, wenn er ein solches empfängt.

Denn welches Gut könnte es je auf dieser Welt geben, welches denjenigen zu erquicken vermöchte, welcher das höchste Gut und die Glückseligkeit selbst besitzt, nämlich Gott ist?

Bei allen Ereignissen, die ihm begegnen wird er nicht ärmer und nicht reicher, weil die Seligkeit nicht abhängt davon, was uns in diesem Leben begegnen kann.

So wird derjenige, der sich bereits in diesem glückseligen Zustand befindet, und schon glücklich ist, dies nicht noch mehr durch alle Güter, die ihm von neuem zufließen, sowie er nicht weniger glücklich wird, wenn dieselben Güter ihn verlassen.

Was immer großartig und staunenerregend erscheinen mag, er kann nichtsdestoweniger eine hohe Meinung davon in seinem Innern haben, weil die Größe der Seele nicht darin besteht, wie etwas äußerlich erscheint, sondern darin, daß sie ganz in diese innige Vereinigung und Gleichförmigkeit mit Gott versunken ist, wohin der Fremde, das heißt, der sinnliche Mensch sich nicht zu erheben vermag; weil die

Ungerechtigkeit seiner Meister geworden, und wie groß auch seine Zuversicht sein mag, dieselbe ihm zu nichts dienen kann, weil sie nicht stammt aus der Einigung mit Gott, oder aus der Umwandlung seiner Seele.

Mancher wird mir vielleicht erwidern, daß man sich nicht zu allzu hohen Gesinnungen zu erheben brauche, sondern daß wir in den Schranken der Mäßigung verbleiben sollen.

Das ist wahr, aber was für andere Gesinnungen sollen wir in Wahrheit haben als die, daß wir nach dem Ebenbild Gottes geschaffen sind und daß wir vollkommen werden sollen, wie unser himmlischer Vater vollkommen ist?

Hat doch Jesus Christus seinen Vater gebeten, daß wir eins mit ihm werden sollen, wie er eins ist mit seinem himmlischen Vater und daß wir in dieser göttlichen Vereinigung vollendet werden sollen; ferner, daß wir zur Erkenntnis kommen möchten, daß sein Vater uns geliebt hat, wie er ihn selbst geliebt hat, wie könnte er nun wollen, daß wir uns entfernten von unserem Vater, daß wir ihn fliehen und daß wir uns von ihm trennen?

Der heilige Petrus sagt, da er von der inneren Sicherheit spricht, welche wir haben sollen: *Bestrebt euch immer mehr und mehr, eure Berufung zu sichern und zu befestigen, durch eure guten Werke, ebenso eure Auserwählung.*

Wenn andere, als solche Gesinnungen haben, so viel ist, als Gott entgegen sein, so ist Gott ohne Zweifel gegen ihn, weil jene Gesinnungen nichts anderes sind, als eine wahre Unterwerfung unter seinen Willen in allen Dingen, innerhalb und außerhalb, in der Zeit und der Ewigkeit, damit nichts Mißgestaltetes in uns verbleibe, was seine Augen verletzen könnte und unsere Seele als uns angehörig nichts, sondern Gott ihr alles sei, oder vielmehr, daß sie selbst alles in Gott und mit Gott sei, so viel als dies in diesem Leben tunlich ist.

„Aber sind nicht die Gerichte Gottes", sprecht ihr, „Abgründe, deren Tiefe unergründlich ist?"

Das ist wahr, und der Mensch weiß nicht, ob er der Liebe oder des Hasses würdig ist. Nichtsdestoweniger kann Gott nichts von dem zugrunde gehen lassen, was ihm angehört, sowie er nicht gegen sich selbst handeln kann.

Denn wenn der Mensch mit ihm vereinigt ist, und wenn der Mensch durch diese Vereinigung einigermaßen an dem, was Gott in sich selbst ist, an der Gerechtigkeit, Tugend, Wahrheit, Redlichkeit, teilnimmt, wie sollte Gott in ihm nicht sich selbst lieben. Wie könnte David im Übermaß von Freude ausrufen: *Deine Gerichte sind meine Hilfe, deine Gerichte werden meine Freude sein!* Ich habe mich erinnert der Gerichte, die du gehalten hast seit dem Beginn der Zeiten, und ich wurde dadurch getröstet, und habe alle meine Hoffnung auf deine Gerichte gebaut; wie konnte er so ausrufen sage ich, wenn er sich nicht selbst an seinen Fehlern wäre abgestorben gewesen, und wenn er nicht, sozusagen, die Gerechtigkeit selbst geworden wäre durch diese Gleichförmigkeit und Ähnlichkeit mit Gott, in der festen Überzeugung, daß Gott nicht wider sich selbst handeln kann.

Wie es in der Seele ein Gebiet der Gleichförmigkeit und Ähnlichkeit mit Gott gibt, so gibt es auch darin ein Gebiet der Unähnlichkeit, welches voll Schlingen, Ketten, Betrübnissen, Wehklagen und Mühsalen ist, wo man nichts als Dornen, Verdruß, Verderben, Verwirrung und Widerspruch findet, weil man daselbst nur seine Schwäche und die unzählige Anzahl von Mängeln des inneren und äußeren Menschen wahrnimmt, deren man nur zu oft alle Tage durch traurige Erfahrungen bewußt wird. In diesem Gebiet wachsen die Sträucher und Dornen in Fülle in einer Seele mehr, in der anderen weniger, und zwar in der Art, daß es nicht eine einzige gibt, welche davon befreit ist.

Wir müssen in dieser Lage und in diesem Bereich zu Gott mit David sprechen: *Herr, gehe nicht zu Gericht mit deinem Diener. Herr züchtige mich nicht in deinem Zorn. Verlaß mich nicht, weil ich von Furcht durchdrungen bin, wenn ich deiner Gerichte gedenke.*

12. Kapitel.

Die Feinde der Seele verbinden sich mit dem Satan ihrem Urheber, um ohne Unterlaß Schlingen der Seele zu legen, die Gott liebt.

OFT streben die Laster, die Verwicklungen im Leben, die widrigen Ereignisse und die verschiedenen Zufälle die Oberhand zu gewinnen in dem erhabenen Bereich der Seele, sie scheinen dieselbe mit Spott zu fragen: „Wo ist dein Gott, wo ist dein Königreich, wo ist derjenige, welcher dein Verteidiger ist? Sind nicht wir es, welche gegenwärtig regieren und welche nicht nur gebieten auf diesem Boden, den du innehast, sondern auch in dem Himmel, der dir gehört?

Dieser so reine, so klare, so scharfe Blick des Geistes, dessen Glanz wir sonst nicht ertragen konnten, vertreibt uns gegenwärtig nicht weil wir ihn verdunkelt haben durch dichte Finsternisse und weil derselbe dem geringsten Gegenstand weicht, der sich zeigt.

Wir bedürfen keiner Anstrengung mehr, daß wir mächtig anziehende Gegenstände der Seele darstellen, um sie zu verführen; es genügen, unbedeutende Dinge um sie in Verwirrung zu setzen und sie zu beschäftigen, indem wir sie von außen beunruhigen, und bewirken, daß diese Angelegenheiten, womit wir sie beängstigen, die Kraft haben sie niederzuschlagen.

So wenig Neigung die Seele zu uns haben mag, und so sehr sie uns mit Abscheu betrachten mag, wir unterlassen es nichtsdestoweniger, ihr Schlingen zu legen und sie untüchtig zu machen, zu handeln, und wir bewirken, wie sie sich auch sonst in ihrem Wirkungskreis benehmen mag, daß sie nichts mehr mit erneutem Eifer verrichtet, sondern allein aus Gewohnheit.

Möchte es Gott gefallen, daß diese Gegenstände, welche wir zu unserer Verherrlichung in unserer Gewalt haben, ebenso dieser Seele gegenüber immer zu bestehen vermögen.

Aber wir befürchten, daß ein Mächtigerer sich gegen uns erhebt, um uns zu vertreiben und nachdem er uns verbannt hat, uns mit so großer Sorgfalt alle Eingänge zu der Seele verschließt, daß wir es, keine Öffnung mehr erblickend, nicht einmal wagen uns zu nähren und es zu versuchen, unsere Wohnung daselbst zu nehmen und daselbst zu verweilen nicht etwa mit jener Sicherheit wie ehemals, sondern wenigstens mit Furcht und Zittern. Denn es scheint uns, daß Gott beschlossen hat gegen uns zu kämpfen

zu seinen Gunsten, indem wir ungeachtet unserer Herrschaft bereits sehen, daß die Seufzer, das tiefe Wehklagen jener Seele, daß die Tränen ihrer Augen und ihres Herzens zu Gott gelangen, welcher sie befreien will von ihrer langen Sklaverei und ihr zu ihrer ersten Freiheit verhelfen will, welche sie nicht eher erlangt haben wird, bis sie sich gegen uns mit solcher Stärke erhebt, daß wir es nicht mehr wagen werden vor derselben zu erscheinen.

Deshalb bitten wir dich, o Herr, daß wenn du uns aus dieser Seele verbannst, du uns wenigstens eine kleine Öffnung läßt, damit wenn du sie vielleicht verläßt, wir wieder zu unserer ersten Herrschaft gelangen können.

Wenn du uns diese Gnade versagst, so wisse sie, daß so lange ein Atem von Leben ihr verbleiben wird, wir Tag und Nacht nicht aufhören werden, sie zu bekämpfen, daß wir unsere Schlingen verdoppeln werden, damit an welchem Ort sie sich immer befinden möge wir sie endlich überfallen können.

Wir werden ihr gegenwärtig sein schon beim Erwachen, damit wenn sie morgens ihre Augen öffnet, um sie zu dem Herrn zu erheben, wir uns derselben bemächtigen.

Wir werden ihr Fabeln erzählen, welche wir erfinden werden, wir werden ihren Augen verschiedene Trugbilder vorführen, besonders während des Gottesdienstes so oft sie mit nicht genug Aufmerksamkeit prüft, ob sie wahrhaft das Gesetz des Herrn liebt und mit welcher Herzensreinheit sie vor demselben erscheint.

Denn hier ist es besonders, wo wir dieselbe angreifen werden, und dieses ist die vorzüglichste Übung, womit wir uns gewöhnlich beschäftigen.

Wir wissen, welche Schlingen wir ihr legen werden um sie zum Fall zu bringen und wenn wir nicht durch uns selbst unser Ziel erreichen können, so werden wir es vermittelst anderer versuchen, welche nämlich ihre Freunde zu sein scheinen und in welche sie kein Mißtrauen setzt. Denn wer könnte jedesmal und bei allen Begebnissen unseren Händen entwischen, und wenn wir so große Männer zum Fall gebracht haben, sollen wir verzweifeln zu triumphieren über diese schwache Seele, – wie hoch sie immer auch von ihrer eigenen Größe denken mag, indem sie so tief unter jenen Männern steht, welche durch ihre Gelehrsamkeit und Einsicht in hohem Grad sich auszeichneten?"

Aber was wird Gott auf diese Gespräche erwidern? Er welcher auf der einen Seite die Kämpfe und Trübsale sieht, welche diese Seele leidet, da sie sich selbst überlassen ist und welcher auf der anderen Seite die Anmaßung ihrer Feinde schaut? Er wird nichts anderes erwidern, als die Worte: *Ich wohne in meinem heiligen Tempel, die ganze Erde versinke in Schweigen vor meinem Angesicht und alle fremde Herrlichkeit verschwinde vor meiner Gegenwart.*

„Wißt ihr nicht, daß ich der Erhalter meines Reiches bin, und wenn ich diese Seele auf einen Augenblick sich selbst überlassen habe, so geschah dies nur um ihre Treue und ihre Ausdauer zu erproben wie ich sie in der Tat schon erprobt habe, indem ich sie treu und unerschütterlich gefunden habe.

Wenn ich nicht damals sicher war, glaubt ihr, daß ich ihr abwesend war? Denn als ihr sie gewaltig bekämpft habt, so hat sie nichtsdestoweniger Vertrauen zu mir gehabt und ist nicht euren Eingebungen gefolgt.

Es war vergebens, daß ihr euch gerühmt habt, denn ihr seid nicht mehr Meister über dieselbe und seid es auch in Wahrheit nie gewesen, weil die Wahrheit nicht in euch wohnt und alle Seelen, welche euch hören, euch ähnlich werden.

Ich schwöre bei mir selbst, der ich das Leben bin, daß ich euch für immer aus meinem Reich verjagen werde.

Ihr zittert bei diesem Wort! Woher kommt es, daß ihr zittert? Daher weil ihr nichts als Eitelkeit seid, indem Furcht nur da herrschen kann, wo nicht die Wahrheit ist.

Endlich habt ihr dieser Seele gedroht, ihr Kämpfe zu bereiten und eine Menge von Schlingen zu legen, in der Hoffnung, daß dieselbe vielleicht hineinfallen werde, wie so viele andere.

Es ist wahr, daß ihr viele zum Fall gebracht, aber warum sind diese Seelen gefallen? Weil sie nicht fest bei der Wahrheit verblieben sind, und in sich verbleibend nicht in mir gefunden worden sind. Aber zu diesen (treuen) sage ich: Seid fest und mutig und verliert nicht den Mut bei euren Anstrengungen. Ihr habt noch viele Gefechte zu bestehen, viele Versuchungen, vielfache Verlassenheit und Trübsal bei Tag und Nacht bis zum letzten Augenblick eures Lebens.

Aber habt keine Furcht, faßt Mut, vollendet euren Lauf, der kurz sein wird und duldet nicht, daß der geringste Überdruß in euch Platz findet, was ihr immer auch werdet zu ertragen haben.

Welche Herrschaft eure Feinde wo immerhin über euch ausüben werden, ihr braucht sie nicht zu fürchten, so lange ihr vor mir in der Wahrheit ausharren werdet, so lange ihr in der Einfalt und Aufrichtigkeit eures Herzens vor meinem Angesicht wandelt, so lange ihr in allem was euch begegnet, oder euch nicht begegnet, auf mich Hinblicken, und so lange ihr euch anstrengen werdet, euch in der Tugend mir gleichförmig zu bilden.

Endlich gesetzt, daß ihr mir alle eure Sorgen anvertraut, sowie alle eure Bekümmernisse, alle eure Hoffnungen, alle eure Kräfte; gesetzt, daß ihr euch in nichts rühmt, außer in meinem Kreuz; gesetzt, daß ihr euch selbst vernichtet, und daß ihr euch vollkommen nur in mir findet; gesetzt dies alles, sage ich, wird euch nichts furchtbar erscheinen; denn eure Feinde werden euch niemals bei mir aufsuchen, aber wenn sie euch nur ein einziges mal in euch selbst versunken finden, dann wird es geschehen, daß die Kämpfe, die Unruhen und die Furcht besiegt zu werden, auf euch von allen Seiten losbrechen werden.

Mag die Anzahl derjenigen, welche euch im Innern und von außen beängstigen, sich noch so sehr vermehren; gesetzt, daß ihr zu mir als zu eurem Zufluchtsort eilt, werdet ihr nicht mehr die Macht derjenigen zu fürchten haben, die gegen euch kämpfen, weil ich euch schützen werde, euch unter dem Schild meines Angesichtes verbergend, so daß eure Feinde euch nicht einmal zu finden vermögen.

Es ist wahr, daß ihr euch inmitten vieler Schlingen und einer unzähligen Schar von Feinden befindet, aber ihr werdet bei ihnen leben, unter dem Schatten meiner Flügel, bis ich euch zu mir rufe.

Wenn ich zögere zu kommen, so wartet auf mich, indessen ihr euch vorbereitet mich zu empfangen, und vergeßt nie euch selbst mir auf solche Art zum Opfer darzubringen, daß mir dasselbe gefallen kann."

13. Kapitel.
Der geistige Mensch macht immer Fortschritte in der Gottseligkeit, sei es in der Anwesenheit oder in der Abwesenheit der Gnade. Wie die Engel uns lehren, uns in der Gegenwart Gottes zu verhalten.

Naht Gott, spricht der Psalmist, *er wird euch erleuchten und euer Angesicht wird nicht mit Schmach bedeckt werden.* Ach Jesus mein Herr, wer könnte vor dir bestehen wenn dein Angesicht enthüllt erschiene? Du ermahnst mich oft und du befiehlst mir selbst deine Gegenwart immer vor Augen zu haben und dich ohne Unterlaß zu betrachten.

Aber wie kann ich dir gehorchen, wenn du nicht den dichten Schleier hebst, der zwischen mir und dir ist.

Denn obgleich ich einerseits meine Ruhe in dir finde, obgleich ich dich stets mir vergegenwärtige, alles mit dir gemein habe, und so nicht zuschanden geworden bin, so fühle ich mich nichtsdestoweniger auf der anderen Seite, wenn ich meine Schwäche mir vorstelle und ich meiner Armseligkeit gedenke, die mich dir so unähnlich macht, von Furcht durchdrungen und ich zittere.

Du sagst mir einerseits: *Mein Sohn! Alle meine Güter gehören dir, betrachte, wie Himmel und Erde von meinem Ruhm erfüllt sind,* und du sagst mir andererseits: *Was könnte ich mit dir gemein haben, der du voll Eitelkeit bist?* Welche Gemeinschaft kann stattfinden zwischen dem Licht und der Finsternis? Welche Verbindung kann stattfinden zwischen der Eitelkeit und der Wahrheit?

Möge es deshalb dir, o Gott, gefallen, daß dein Licht meine Finsternis verschlinge, daß dein göttliches Leben meine Sterblichkeit vernichte, und deine Wahrheit meine Nichtigkeit aufhebe!

Indessen was auch immer sich ereignen mag, durch deine Gnade werde ich alle Mühsalen und Schwächen überwinden, und dann werde ich öfters auf dich Hinblicken, als ich dies gegenwärtig zu tun vermag.

Ach! Wenn mir soviel Freude zuteil und meine Augen geblendet werden, da sie von jenem deiner Weisheit ausstrahlenden Licht nur einen kleinen Strahl wahrnehmen, wenn auch durch den dunklen Schleier hindurch, der sie bedeckt, wie wird es mir sein, wenn du dein Angesicht ganz entschleiert zu sehen mir gestatten wirst?

Ach Herr, wann wird dies eintreten, daß dieses Glück mir zuteil wird? Kann ich hoffen, dasselbe einst zu genießen?

„Ja du wirst dasselbe genießen; sei nur mir getreu, und ich werde das übrige tun."

Aber o Herr, wann wirst du mir diese Gnade bewilligen? Dann antwortet Gott der Herr: „Wenn ich dich rufen werde zu mir zu kommen.

Halte dich bereit und erwarte mich aus Furcht du möchtest bei meiner Ankunft überrascht werden und noch nicht genug vorbereitet sein, um mein Angesicht zu schauen.

Denn du wirst dasselbe nicht sehen können wenn die Augen noch krank oder schwach sind."

O himmlischer Vater, dein Wille geschehe! Aber gestatte mir vor dir zu klagen, daß ich so oft die Wirkungen meines Elends empfinde weil du mir dein Angesicht verhüllst und mich hinderst dein Angesicht zu sehen.

Ich gestehe, daß wenn du dich dergestalt verhüllst, daß mir kein Lichtstrahl leuchtet um mich aufrecht zu erhalten ich alsbald in geistige Ohnmacht versinken werde und ich nicht vollbringen kann, wozu du mich gesandt hast.

„Aber", antwortet der Herr, „wenn ich es verschiebe mich dir zu enthüllen was wirst du tun?"

Ich werde auf dich warten o Herr und unterdessen kämpfen mit den Finsternissen die mich umgeben. Ich werde zu mir selbst sprechen: Wie! Mein Gott wird mich für immer verwerfen? Wird er nicht gewogener werden meinen Bitten? Wird er nicht mehr daran denken Barmherzigkeit zu üben? Wird er den Strom seiner Gnaden in seinem Zorn aufhalten? Ich will nichtsdestoweniger dir weniger getreu werden.

Ich werde vergnügt sein in meiner Armut, und auf alle irdischen Vertröstungen Verzicht leisten bis du mir dein Angesicht entschleiert haben wirst. Ich werde Ströme von Tränen aus meinen Augen und aus meinem Herzen fließen lassen, bis dieselben zu deinem Thron dringen.

Meine Tränen werden meine Nahrung Tag und Nacht sein, bis diejenigen, welche mich betrüben, erkennen, daß du mein Gott und meine Zuflucht bist und daß du mich nicht ganz verlassen hast, sondern daß es nur dein Wille gewesen, meine Treue zu prüfen während du nur eine kurze Zeit dein Angesicht mir verborgen hattest.

„Aber", spricht der Herr, „wenn ich dich ganz verlassen würde?"

Wenn ich es wüßte o Herr so würde ich, ich bekenne es aus der Tiefe meines Herzens, mit welchem ich dich ja so sehr liebe, wie du weißt; ich würde, sage ich, alsdann nicht weniger dir Tag und Nacht dienen, so lange als nur ein Atem Leben in mir ist, und mit solchem Eifer als wenn ich überzeugt wäre, daß du dich nie von mir trennen würdest.

Handle mit mir, mein Gott, wie immer es dir gefällt, verfahre mit mir, wie du es für gut erachtest. Ich bin ganz in deinen Händen. Mein Körper und meine Seele gehören dir an, wie immer du über dieselben verfügen magst, ich werde immerdar dein Lob singen in aller Freude und Fröhlichkeit meines Herzens.

Wenn mich nicht trifft der Blick deiner Barmherzigkeit, so doch der deiner Gerechtigkeit, und ich werde meine Ruhe nur in dem finden, wovon ich weiß, daß es dir angenehm sein wird.

Bediene dich solcher Heilmittel, die dir belieben. Mögen sie auch noch so brennend und schmerzhaft sein, verfahre nach deinem heiligen Willen. Wende Eisen und Feuer an für alle meine Wunden, die du besser als ich erkennst und besonders für jene meiner Augen, die so schwach sind. Ich will alles erdulden wegen deiner, mein Gott. Es ist mir genug, daß du mich heilst und daß du mich endlich tüchtig machst, um dich zu betrachten.

Du weißt, o Herr, daß es nichts gibt, das mich zu trösten vermöge, wenn du dich von mir absonderst.

Es ist wahr, daß sich dann eine Menge von elenden Tröstungen oder vielmehr Trostlosigkeiten zeigen, aber sie sind mir zur Plage und zur Last.

Ich weiß aus eigener Erfahrung, wie sehr dein Kreuz mir angenehm ist und ich bin untröstlich, sobald ich mich davon ein wenig entferne, und deswegen ziehe ich es vor, eher in den empfindlichsten Leiden zu schmachten, ja zu sterben, als freiwillig fremden Tröstungen, von welcher Seite sie auch kommen mögen, freiwillig Eingang zu mir zu gestatten.

Wenn sie manchmal sich meiner bemächtigen, entweder durch meine Nachlässigkeit, oder durch die Erkältung meiner Liebe zu dir, so dienen sie nur dazu, um mich anzutreiben jene Ruhe zu suchen, die ich nur in dir finde.

Diese glückseligen Geister, die dich lieben, o Herr, und deren Blick immerdar auf dich geheftet ist, ohne daß sie etwas hindert, sagten mir: „Warum hebst du den Blick so oft gegen Himmel? Warum schaust du in die Höhe? Warum verlangst du nach jenem; welcher in einem unzugänglichen Licht wohnt? Ist er es nicht, der die Finsternis geschaffen, um sich damit zu umhüllen, und die Wolken, um sich über dieselben zu erheben? So umgeben von Wolken und Finsternissen wird man sein Angesicht nur dann enthüllt sehen, wenn man in der Gerechtigkeit, der Redlichkeit und in der Wahrheit dahinlebt, denn sie sind der Fuß seines Thrones, und durch sie erblickt man ihn in der Seele als in dem Sitz, der für ihn zubereitet ist.

Von ihm sind alle Berge gegründet.

Nicht allein die Berge, sondern selbst der Himmel, die Erde und alle Geschöpfe, welche sie enthalten, selbst die Seele sinken zurück, sozusagen, und kehren zurück in ihr Nichts, wenn er vor ihnen erscheint und sein Angesicht entschleiert, wie du es selbst erfahren wirst, wenn du ihn dir vergegenwärtigst um ihn zu betrachten.

Betrachte zuerst, mit welcher Umsicht du ihn dir vergegenwärtigen mußt, in welchem Grad die Liebe, die du zu ihm haben sollst, rein sein muß, und in welchem Grad deine Augen klar sein müssen, um ihn zu betrachten. Betrachte sodann mit einem gesunden Auge dieses so glänzende, lichtstrahlende Angesicht und siehe, ob nicht alle

Kreaturen und du selbst in seiner Gegenwart als nichts erscheinen.

Sage mir, wie das in dir geschieht, denn wir wünschen, es zu vernehmen oder wir wollen es selbst dir sagen, wenn du uns hören willst.

Möge Gott seine Gnade geben, daß du bei uns dich befinden könntest, um zu sehen, welche Herrlichkeit dieses strahlende Angesicht ist.

Alles übrige würde dir ohne Zweifel als nichts gelten.

Suche die Tiefe dieses unergründlichen Lichtes zu durchdringen, indem du dich in diese unerschöpfliche Quelle, welche dein Wesen und das aller Kreaturen enthält, ganz versenkst, sie gibt den Ursprung allen Dingen, sie gibt ihnen Bestand, sie schließt sie alle in sich, sie ist Gott, der alles in allen Dingen ist.“

Ach wie könnte ich, der ich nur ein Kind bin, schwach und armselig, der letzte aller Menschen, dessen Augen so oft mit Finsternissen umhüllt sind, zu diesem beglückenden Blick gelangen, wenn derjenige, von dem wir sprechen mir nicht selbst sein Angesicht enthüllte? Du ermahnst mich, als stünde es in meiner Macht und als wenn es nur auf mich ankäme, mir Gott zu vergegenwärtigen, und mich über alle Dinge zu erheben, um denjenigen zu betrachten, welcher in einem unzugänglichen Licht wohnt, ich der ich unterliege unter der Last der Sinnlichkeit, und der ich mich so oft befinde in dem Reich der Finsternis, wo ich es ohne Unterlaß bedarf, mir das Angesicht Gottes zu vergegenwärtigen, mit ihm zu sprechen nicht wie ein Reicher, sondern ihn anzuflehen wie ein Bettler und ein Armer, ich, der nicht in seiner Nähe verbleiben kann wie ein Gerechter und Unschuldiger, sondern der sich von seinem Gewissen angetrieben fühlt, sich ohne Unterlaß vor seinen Füßen niederzuwerfen als ein Sünder und Strafbarer?

Du sagst ich soll sein Angesicht betrachten, wie du es betrachtest, und so handeln, als wenn ich es schon betrachtete und als wenn ich versichert wäre von allen vergänglichen Dingen befreit, und durch diese Freiheit in meinen ursprünglichen Zustand versetzt zu werden.

Aber ich habe mehr Grund mich als einen Sünder zu betrachten, der in einen Abgrund von Finsternissen gestürzt worden ist, die ihm das Angesicht und den Anblick meines Gottes verbergen, in der Art, daß es Zeiten gibt, wo ich es nicht wage, ich sage nicht ihn anzublicken, sondern nur meine Augen zum Himmel zu erheben.

Ich staune nicht, daß du ohne Unterlaß sein Angesicht schaust, ohne dich abzuwenden von diesem glückseligen Anblick, denn du wohnst, sozusagen, in dem hehren Palast der heiligen Dreieinigkeit, du bist nicht beschäftigt durch irdische Gegenstände und Bilder, die dich wie mich zerstreuen, du bedienst dich nicht des Gedächtnisses, oder der Gedanken, welche wir in uns selbst durch unsere Sinne bilden, du erhebst dich nicht zur Betrachtung und zur Liebe des höchsten Gutes vermittelst der Geschöpfe, sondern du verweilst unveränderlich bei dem, welcher unveränderlich ist, du wohnst bei dem und in dem, dessen Güte die Quelle aller Güte ist, du nimmst teil an dem Wesen desjenigen, welcher selbst das Wesen aller Wesen ist, ohne daß du etwas von dem verlieren kannst, was zu deiner eigenen Wesenheit gehört, oder ohne daß du in dieses Wesen umgewandelt wirst, sondern du bist mit ihm in der Art vereint, daß du ihn keinen Augenblick aus den Augen verlierst und die Freiheit, die du genießt ist wohl verschieden von derjenigen, welche du besitzen würdest, wenn du eine Zeitlang ein Sklave der Sünde gewesen, wie ich es bin, was ich nur unter Seufzern und Tränen gestehen kann.

Die Schwächen, welche mich von allen Seiten abwärtsziehen, sind so stark und zahlreich, daß ich sie nicht zählen kann, an welchen Ort ich hingehe, sei es dem Körper oder dem Geist nach, stellen sie sich mir vor Augen, so sehr ich auch dagegen sein und so sehr ich auch Widerstand leisten mag.

Sie hüllen in Finsternisse den Blick meiner Seele, die ich gewöhnte einigermaßen das Angesicht meines Gottes zu schauen, bis der Vater der Barmherzigkeit mich würdigte sein Angesicht enthüllt zu sehen, und mich in sich zu verbergen in der Art, daß meine Feinde mich nicht mehr zu finden vermöchten.

Aber wann wird mir das Glück begegnen, und wer wird mir diese Gnade bewilligen, daß ich, wenn nicht immer, doch in der Regel in seiner Gegenwart verweile, und in dem Licht seines Angesichts wandle? Obgleich er sich selten mir enthüllt und sich mir zeigt, bekenne ich nichtsdestoweniger, daß während der kurzen Zeit, in der ich ihn schaue, nicht nur die ganze Außenwelt meinem Geist entschwindet, sondern daß auch alle inneren Kräfte sich auflösen in Liebe.

Denn dieser Eindruck auf mich ist so stark und mächtig, daß er mich ganz mir entreißt, und kaum etwas von mir übrig bleibt, wenn ich in Gottes Gegenwart verweile, so daß ich gleich bin einem Armen, der in der größten Blöße sich befindet.

Er fordert von mir so große Dinge welche so erhaben sind, daß wenn ich ihm alles gegeben, was ich besitze, ich ihm wie mir scheint, noch nichts bezahlt hätte von dem, was ich ihm schulde.

Indessen bei dieser äußersten Armut oder vielmehr bei diesem wunderbaren Reichtum, finde ich nichts was mir heilsamer wäre, und was Gott mehr gefallen könnte, als mich ihm ganz hinzugeben in allem, was mir begegnen kann, damit er sich selbst bezahlt für alles, was er von mir fordert, und ich nur insofern Liebe zu mir hege, als ich mit ihm vereint mich und nebst mir alles in ihm durch ihn und für ihn einzig und allein liebe. So sei es.

Denn Gottes Wille ist es, daß ich mich liebe unter der Bedingung, daß dies in ihm und nicht in etwas anderem geschehe, denn deswegen hat er mich geliebt, daß ich ihm ganz und ohne Rückhalt angehöre und mich in ihm umwandle.

Wenn ich auch in der Art und auf gleiche Weise alle übrigen Dinge lieben werde, werde ich nichts in mir oder von mir als Gott allein lieben.

14. Kapitel.
Die Liebe Gottes verbreitet in dem Menschen eine wahre Sicherheit.

O Licht meiner Augen! O ewiges Licht! O Licht, das nicht aufhört zu leuchten! O höchstes unveränderliches Gut! Ich sage dir Dank und erscheine vor dir wie ein armer und armseliger Knecht, der dir angehört.

Ich sage dir Dank mein Gott dafür, daß ich das Licht sehe und ein Licht, welches leuchtet in der Finsternis.

Aber was siehst du in diesem Licht? Ich sehe darin, mein Gott, daß du eine unendliche Liebe gegen mich hast und daß wenn ich in dir verbleibe, es ebenso unmöglich ist, daß du nicht für mich zu jeder Zeit, an jedem Ort und bei allen Ereignissen Sorge trägst, als es unmöglich ist, daß du selbst für dich nicht Sorge trägst.

Ich entdecke darin ferner, daß du dich ganz mir hingibst, damit ich dich ganz innig und ungeteilt besitze, vorausgesetzt, daß ich auch meinerseits mich dir ganz hingebe, und auf die Art in der du mich geliebt hast und du geliebt worden bist von Ewigkeit, das will sagen, daß du dich selbst in mir besitzt, und daß durch deine Gnade, ich dich in mir und mich in dir besitze.

Wenn ich mich wahrhaft liebte, würde ich in der Tat nur dich lieben, weil du in mir bist und ich in dir bin, wie eine Sache, die sich nicht mehr trennen läßt von einer anderen, mit der sie vollkommen vereint ist.

Und wenn wir auch auf dieselbe Art das Gute in den anderen lieben, so tun wir dasselbe, was du tust, da du dich selbst liebst.

Wenn ich vollkommen in dir verweilen kann, so ist es ebenso unmöglich, daß ich zugrunde gehe, als es unmöglich ist, daß du zugrunde gehst, und in dieser Vereinigung werde ich nicht nötig haben mich von den Kreaturen abzuwenden, wie gering und nichtswürdig sie auch erscheinen mögen, weil alle Dinge, die du geschaffen hast, sehr gut sind.

Nichtsdestoweniger werde ich diese Mäßigung beobachten, daß ich mich ihnen nahe, ohne darin Vergnügen zu finden, und daß, wenn ich mich von ihnen entferne, keine Reue empfinde.

Wenn ich ferner in diesem Licht das Innere meiner Seele betrachte, so sehe ich mich mit überaus dichten Finsternissen überlagert, und ich erscheine mir selbst so erschrecklich, daß ich kaum mich selbst zu ertragen vermag.

Deswegen ertrage ich den Spott von seiten meiner Feinde infolge der Menge von unnützen Geschäften und Beschäftigungen, welche mich so oft fesseln und ihrem Joch unterwerfen, welche ohne Unterlaß streben die Oberhand zu erringen über den höheren Teil meiner Seele, und welche sich manchmal rühmen sie zu besitzen, weil sie sich in ihr, wenn sie unterliegt mächtig sehen.

Aber in diesem Augenblick, da ich mich von mir losreiße und mich zu dir erhebe, o Herr, höre ich eine gewaltige Stimme, welche zu meiner Befreiung erschallend jenen, die mich quälen und foltern, zuruft: „Naht nicht dieser Seele, weil der Ort, den sie festhält, mich zum Fundament hat, er ist heilig, er ist geweiht, an ihm habt ihr keinen Teil und ihr werdet nicht eine Öffnung zum Eingang in dieselbe finden."

Aber sie antworten: „Wir machen uns keine Sorge deswegen, daß während sie auf diesem Platz verweilt, wir derselben nicht nahen können.

Denn wie lange Zeit wird sie daselbst verweilen? Sie wird sich bald zu uns wieder wenden und in ihre alte Finsternis zurücksinken, so werden wir alsdann wieder in derselben unseren vorigen Platz einnehmen und daselbst unseren gewöhnlichen Aufenthalt haben."

Ach mein Gott, wie lange werden deine und meine Feinde insgesamt derart deinen Tempel und den Thron deiner Herrlichkeit spotten?

Wie lange wird meine Seele von Schmerz und Traurigkeit Tag und Nacht niedergebeugt sein da sie diese Vorwürfe hören muß?

Wann wirst du diese Übermütigen dergestalt vernichten, daß sie es nicht mehr wagen zu erscheinen? Denn ich höre einen von ihnen, welcher spricht: „Ich werde herrschen." Der andere spricht: „Dieser wird mir angehören." Ein dritter spricht: „Ich werde vollkommen Meister dieses Platzes werden." Endlich jede falsche und verdorbene Einbildung will ihre Tyrannei in deinem Reich ausüben.

Ich beschwöre dich Herr, schleudere diesen unreinen Dagon, welcher bei ja manchmal selbst über der Arche deines ewigen Bundes gefunden wird, schleudere ihn auf den Boden und zerschmettere ihn, daß alle seine Kräfte schwinden, damit er sich nicht mehr erheben könne, um seinen vorigen Platz wieder einzunehmen.

Ich bitte dich, daß alle Götzenbilder meiner Sünden und Laster vor dem Thron deiner Herrlichkeit ausgerottet werden, damit du allein daselbst regierst und ich in der Zukunft nicht mehr in diese armselige Unbeständigkeit gerate, welche mich in die Flucht vor deinem Angesicht treibt.

15. Kapitel.
Gerechtigkeit und Wahrheit lieben und in allen Dingen den Ruhm Gottes suchen heißt in dem Kreuz Jesu Christi verharren.

DERJENIGE, welcher in Wahrheit dem Kreuz Jesu Christi ergeben bleibt und welcher es von ganzem Herzen umarmt, liebt zu gleicher Zeit die Gerechtigkeit und Wahrheit und sucht hier nicht, was für ihn am bequemsten ist, noch seine Ehre und seinen Ruhm,

sondern er sucht zu jeder Zeit und an allen Orten den Ruhm Gottes, den er liebt.

Gesetzt daher, daß der wahre Jünger des Kreuzes fände – was aber nicht der Fall ist – es wäre mehr Ehre für Gott, daß er immer in der Tiefe der Hölle sei, so sollte er statt des Besitzes der himmlischen und englischen Herrlichkeit festhaltend am Kreuz nichts anderes wollen, noch in sich Gefühle dagegen hegen.

Wenn es sich so verhält und wenn der Jünger des Kreuzes diese Gesinnung hinsichtlich der schrecklichsten Leiden hat, welche Geistesstimmung soll derselben bei den geringsten Leiden, bei den täglich sich ergebenden Ereignissen, als Kränkungen, Schmerzen, Überdruß, seien es Übel des Leibes oder der Seele, welche über uns kommen, je nachdem Gott es verordnet, beobachten?

Die Seele soll sich vollständig ihres Selbst entäußern, und nicht bloß zum Teil dieser Neigung, welche sie hinreißt, Dinge suchen, die ihr eigen sind, sie soll sich mit unverbrüchlicher Treue dem Willen Gottes ergeben, um sich nicht von jedem Wind fortreißen zu lassen, und bald auf diese, bald auf jene Seite hinzuwanken, nach den Gelegenheiten, die sich ergeben.

Denn wenn dieselbe unglücklich genug ist sich auf Kreaturen zu stützen, und wenn ihre Willkür und Lust sie in diese Unbeständigkeit versetzt, so wird sie denjenigen, der die Einheit selbst ist und für den alle Dinge da sind, nicht mehr in Wahrheit genießen und besitzen können.

16. Kapitel.

Die Seele, die nichts eigentümlich besitzt, wandelt in allen Lagen sicher im Verein mit Gott.

DER Reisende, welcher nichts bei sich trägt, wandert überall in Sicherheit. „Wenn du mich besitzt", spricht die Wahrheit, „wie brauchst du dann etwas anderes zu suchen?

Im Verein mit mir was kann dir da fehlen, oder was kann dir da mißfallen? Warum solltest du da wegen der Dinge in der Welt oder wegen der Zufälle des Lebens, welche dir weder etwas geben noch etwas nehmen können, nur etwas besorgt sein? Du willst vielleicht während deines Lebens glückselig sein, aber betrachtest du nicht mit mehr Aufmerksamkeit, daß du ein Reisender auf der Erde bist und daß du hier als ein Verbannter lebst, welcher Fesseln an den Füßen trägt und welcher in einer armseligen Sklaverei schmachtet. Stelle dir vor Augen, alles was dir von der Außenwelt wünschenswert ist; sie kann dir kein Hindernis bereiten, noch dich fortreißen, auf welche Art immer sie sich dir darstellen mag.

Wandle doch hier wie ein Reisender der nichts mit sich trägt, welcher sich entledigt aller Last, von welcher Art sie sein mag, und der nichts duldet, was ihn bindet, was ihn fesselt, was ihn in Verwirrung setzt und was ihn am gehen hindert.

Wenn du auf diese Art frei von aller Anhänglichkeit an die Welt bist, so wirst du sicheren Schrittes überall zu jederzeit und bei allen Begegnissen wandeln, weil du dann nichts mehr haben wirst was du verlieren könntest.

Aber wenn du von den äußeren oder inneren Gütern dir etwas vorbehältst um es als ein dir eigentümliches Gut zu besitzen, so hast du allerdings Ursache zu fürchten, es möchte dir entgehen, weil dasselbe den Augen deiner Feinde ausgesetzt ist und diese sich leicht dir nahen können, um es dir zu entreißen.

Im Gegenteil, wenn du entblößt von allen Dingen und auf die notwendigsten Bedürfnisse beschränkt bist, so werde ich selbst dein Reichtum, deine Ehre, dein Ruhm und deine Stärke sein, und dann wirst du nichts zu fürchten haben, weil ich mich selbst nicht verlieren kann.

So verwendet auf alles, was ihr äußerlich zu verrichten habt, alle mögliche Sorgfalt, mit Freudigkeit bei Tag und bei Nacht.

Endlich verharre im Frieden, denn was immer dir begegnet, mag es dir auch noch so große Schande, Armseligkeit und Hoffnungslosigkeit verursachen, mag das Ungewitter, das sich von außen gegen dich erhebt, noch so groß sein, in deiner Seele wohnt die höchste Vernunft, die unveränderlich ist und die fest und unerschütterlich verharrend für nichts alle diese Übel und Ungewitter der Außenwelt achtet, von welcher Art sie auch immer sein mögen.

Wenn auch alles was du dir nur immer zu denken vermagst dir begegnen würde, bin ich, der dein Leben ist, nicht immer lebend? Glaubst du, daß ich mich ändere oder daß ich unbeständig wie du bin bei den Ereignissen, oder wo immer du dich einfindest? Ich gehöre dir ganz an. Was verlangst du weiter? Wenn du mich besitzt, vertrete ich dir nicht die Stelle aller Dinge? Warum verharrst du doch nicht unerschütterlich in mir und erfreust dich meiner, der ich das höchste, das unveränderliche, das vorzüglichste Gut bin, für das du geschaffen worden bist.

Habe ich dir nicht versprochen, daß ich Sorge für dich tragen würde bei allem, was dir begegnen könnte, und daß ich dich begleiten würde an allen Orten wohin du gehen würdest, unter der Bedingung, daß du mir treu bliebst?

Und wenn ich dein Leben bin, wie ich es bin, kannst du nicht leicht gegen alles gleichgültig sein, ohne dadurch einen Verlust zu erleiden?

Werden nicht alle Kreaturen eines Tages dich verlassen, und wenn du dich auf sie verlassen hast, wirst du dann nicht in Elend und Trostlosigkeit versinken?

Und wenn alles nach deinem Willen ginge, wenn du dir nützlich machen würdest die Außenwelt, so wirst du doch jene Zuversicht dadurch nicht erlangen, welche dir nötig sein wird in der Stunde deines Todes, im Fall du mich hintansetzt und du von mir verlassen bist."

17. Kapitel.
Übung des Geistesmenschen, besonders während des Gottesdienstes.

ICH werde immer die Allgegenwart Gottes vor Augen haben, zu jeder Zeit, an allen Orten, und bei allen Begegnissen, besonders aber während des Gottesdienstes.

Ich will dabei in meinem Innern ganz gesammelt verbleiben ohne mich zu zerstreuen, in tiefer Demut des Körpers und der Seele will ich mich von ganzem Herzen hinwerfen vor aller Welt als nichtswürdiger Staub, wie ein Kind, wie ein irrendes Schaf, wie ein verblendetes Küken, meine Zuflucht suchend unter den Flügeln meines Erlösers, um da Schutz und Schirm zu haben.

Ich werde mich in allem mit so viel Ehrfurcht benehmen, als sehe ich das Antlitz des Heilandes enthüllt, mit unverzagtem, festen und ruhigen Gemüt, mit Umsicht und mit besonderer Sittsamkeit äußerlich und innerlich, innerlich indem dieses ein Mittel ist gegen jene unglückliche Neigung, welche mich vergänglichen Dingen unterwirft, sei es daß dieselbe stammt von einer rein menschlichen Liebe, oder Furcht, oder von der Bequemlichkeit und Unbequemlichkeit, welche mir daraus erwächst, meine Sittsamkeit soll sich auch äußerlich zeigen als ein Mittel gegen die Weichlichkeit, die Unbeständigkeit, die unnützen Beschäftigungen und die Zerstreuungen meiner Sinne.

Je mehr auf diese Art meine Seele und mein Geist bei allen meinen Handlungen geregelt sind, desto mehr werde ich eingehen in die Auffindung des Sinnes der Schrift und der Geheimnisse der Kirche.

Ich werde wachen insbesondere über mein Gedächtnis, damit es alle Eitelkeiten außer acht läßt, das ist, jene Dinge, welche entweder nicht recht sind, oder keinen Bezug auf diese demütige Forschung haben.

Ich werde mich immer mit größter Aufrichtigkeit und Geduld benehmen, abschneiden will ich alle Unruhe und unordentlichen Neigungen, damit bei allem meine Seele sich gar keine Sorge mehr um das macht, was in der Welt vorgeht und was mir begegnen kann, von welcher Seite dieses immer auch geschehen mag; und so wird meine Seele ganz Gott hingegeben und in ihm allein ihren Trost suchend, keine Wunde empfangen, da sie auf keinen Gegenstand, mag er groß oder klein erscheinen, ihr Streben richtet und durch die niederschlagendsten und unerträglichsten Übel nicht gebeugt zu werden vermag.

Sodann werde ich meine Vernunft in Ordnung bringen in der Art, daß sie völlig frei und ungehindert der ewigen Weisheit, der unveränderlichen Wahrheit, der Gerechtigkeit, der Billigkeit und dem Frieden bei allen Ereignissen folgen wird, sie wird dies vollbringen, indem sie im Licht dieser Wahrheit und Weisheit alle Gegenstände, welche es gibt und es geben kann, so betrachtet, wie sie in der Tat jener erscheinen und nicht anders.

Sodann werde ich mit Eifer und Freude meinen Willen, bei allen seinen Äußerungen, jener Einsicht gemäß einrichten.

So wird meine Seele sich bestreben, jeden Tag Gott näherzukommen, indem sie sich gänzlich von sich selbst losreißt und sich ganz in ihm verliert, damit sie nicht mehr sich in sich wiederfinden könne und sie zu einer solchen völligen Vernichtung und innigen Abkehr von sich selbst gelangt, daß sie in Gott sich selbst und allen Dingen stirbt und sie von nichts mehr, als von Gott lebt, da sie für ihn alles tut, was sie tut.

18. Kapitel.

Es gibt nichts Herrlicheres und Angenehmeres für die Seele als dem höchsten Gut sich hinzugeben und sich gleichförmig zu machen der heiligsten Dreieinigkeit.

NACHDEM ich sehr genau alle diese Dinge betrachtet, finde ich nichts angenehmeres, nichts glorreicheres, nichts Gott angenehmeres, nichts ehrenvolleres, nichts für die Seele erfreulicheres, nichts reicheres an Schätzen und wahren Gütern als die vollkommene Vereinigung der Seele mit dem höchsten und unveränderlichen Gut,– welches immer dasselbe von aller Ewigkeit gewesen ist, welches sich niemals ändert bei allen Veränderungen, die eintreten können, welches keiner Zeit und keines Ortes bedarf, – weil sie auf diese Art zu ihrer ursprünglichen Gleichförmigkeit und zu der Vereinigung mit Gott gelangt, welcher die Einheit selbst ist.

Denn da Gott das höchste Gut, die Tugend, die Wahrheit, die ewige Weisheit, das immer durch sich selbst fortbestehende Wesen ist, welches sich besitzt und sich selbst in allen Dingen liebt, so ist die Seele, welche in die Teilnahme an dem göttlichen Wesen eingetreten ist, ganz erfüllt mit Freude und ist immer voll Heiterkeit.

Sie hält sich aufrecht, sie geht und wandelt mit Gott und selbst in Gott und ist um eben so viel größer in ihm als sie klein in sich selbst geworden, indem sie, ihrer selbst völlig vergessen, sich ganz in Gott umgewandelt hat.

Das ewige Licht ist wie das Kleid womit dieselbe angetan ist, die Wahrheit und Gerechtigkeit sind wie ein Schild der sie schützt von allen Seiten und die Liebe ist durch ihre Glut wie ein Feuer das sie umschließt.

Denn wie das Eisen, welches glüht, in allen seinen Teilen durchaus Feuer wird und doch Eisen bleibt, ebenso wird die Seele mit der Liebe vereint ganz Liebe, ohne daß sie deswegen das Eigentümliche ihres

Wesens ändert, welches sie immer notwendigerweise von dem unterscheiden wird, den sie liebt.

Deswegen soll eine Seele, welche auf diese Art mit Gott vereinigt ist, im allgemeinen alle ihre Werke in Gott und für Gott verrichten und immer die Wahrheit, die ewige Weisheit, die Gerechtigkeit und das höchste Gut im Auge haben; sie soll ferner alle Dinge die ähnlichen und unähnlichen, die gleichen und ungleichen, die guten und bösen, die inneren und äußeren, so betrachten, wie dieselben jene Weisheit und Gerechtigkeit ohne etwas von ihrer Unveränderlichkeit zu verlieren betrachtet.

So soll die Seele verhältnismäßig alle ihre Kräfte anwenden um in diesem Hinblick auf Gott in der Art zu leben, daß sie ein und dasselbe mit ihm ausmacht und vollständig der Rücksicht auf sich sich entäußert, denn der Hinblick auf Gott leidet keine Beschränkung.

Er hat einen unendlichen Umfang und er ist so mächtig, so durchdringend und so gewaltig, daß nichts von dem was ihm fremd ist, vor ihm bestehen kann, weil alles was nicht Wahrheit oder nicht in der Wahrheit ist, nur für nichtig und eitel zu halten ist, und die Eitelkeit es nie vermocht hat und nie vermögen wird, den Glanz der Wahrheit zu ertragen.

Durch diese Übung gelangt die Seele so viel es ihr durch die drei Kräfte, welche sie besitzt, möglich ist, zu der Gleichförmigkeit mit der Heiligen Dreieinigkeit. Sie wird ähnlich dem Vater durch ihr Gedächtnis, weil sowie der Vater ohne Ursprung ist, und also von keiner Person ausgeht, so das Gedächtnis einigermaßen in sich alle Dinge enthält und behält, und alle Dinge von demselben ausgehen; auf diese Art ist dieselbe so gleichförmig dem Vater, daß wenn sie frei ist von allem Fremdartigen, oder von allem, was eine Veränderung in ihr hervorbringen könnte, und sie den Bildern, welche auf ihre Sinne und ihre Einbildungskraft einwirken, keinen Eingang gestattet, sie kräftig in allen Dingen handelt, und sie es für ihrer unwürdig erachtet, ihren

Adel zu erniedrigen durch das Streben nach Dingen, welche so nichtig und verächtlich sind.

Die Seele wird ähnlich dem Sohn, der die Wahrheit und ewige Weisheit selbst ist, durch die Vernunft. Durch diese wird sie dem Sohn gleichförmig, wenn sie bei allen Ereignissen die Wahrheit vor Augen hat, danach wandelt, und wenn sie das Irdische und das Ewige, die Außen- und Innenwelt und überhaupt alle Dinge, welche sich ihr darstellen, so betrachtet wie sie an sich sind und sie auf diese Art weder verdunkelt noch erschüttert werden kann, möge auch was immer kommen.

Sie wird endlich ähnlich und gleichförmig dem Heiligen Geist durch ihren Willen, weil da ihr Gedächtnis nichts Fremdartiges und Unnützes aufgenommen hat, und ihre Vernunft oder ihr Verstand nichts sich aneignet, als was gut, wahr und gerecht ist, ihr Wille in vollem Maß ihrer Liebefähigkeit liebt und mit aller Kraft will, was ihr Gedächtnis und ihre Vernunft als wünschens- und liebenswürdig erkennen.

Hierin besteht die wahre Glückseligkeit der Seele, welche in dem Maß, als sie in diesem Leben vollkommen vereint und gleichförmig mit Gott ist, Gott immer angenehmer und mit ihm immer mehr in vollkommener Glückseligkeit vereint wird.

Aber es handelt sich um diese Fülle von Reichtümern und Gütern, welche sich ins Unendliche erstreckt, wie bereits aus jenen Eigenschaften erhellt, welche Gott zukommen, die da sind die Wahrheit, der Frieden, die Liebe und so weiter, und deswegen ist es unmöglich, daß diese Eigenschaften nicht sich lieben und sich nicht selbst in dieser Seele besitzen.

Deswegen macht sich dann die Seele keine Sorge wegen der Außenwelt, was auch ihr begegnen mag, sei es sie zu erheitern oder sie niederzubeugen, sei es daß sie hofft oder daß sie keine Hoffnung hat, davon befreit zu werden, weil nichts auf sie in dieser ihrer Gleichförmigkeit mit Gott und bei dieser vollkommenen Ordnung aller seiner Kräfte Eindruck macht.

Demungeachtet können wir nicht Vermeiden, daß wir bei einer unendlichen Menge von Ereignissen, welche uns alle Tage während wir auf der Erde leben, in Anspruch genommen werden, sei es um Angelegenheiten in die gehörige Ordnung zu bringen, sei es jenes auf die gehörige Art auszuführen.

Aber hüten sollen wir uns, daß die daraus erwachsenden Verwicklungen nicht die Oberhand über unsere Seele erlangen.

Martha kann wohl bei ihrer Beschäftigung mit irdischen Dingen verbleiben, dafür Sorge tragen und sich sogar wegen vieler Dinge beunruhigen; aber Maria soll immer an demjenigen festhalten was allein notwendig ist, und sich nur mit dem ewigen Wort, mit der Gerechtigkeit, Weisheit und Wahrheit beschäftigen, so daß ein und derselbe Mensch beide Wege wandelt, einen jeden in der ihm eigentümlichen Weise.

19. Kapitel.
Das höchste Gut des Gerechten ist: mit Gott vereinigt werden,
und sein höchstes Unglück: davon getrennt zu werden.

ICH sehe überall nur Bedrängnisse und überall erblicke ich nichts als Mühsale und Kämpfe, wenn ich nicht eine besondere Sorgfalt anwende meinem Innern stets Gott zu vergegenwärtigen, worin ich des höchsten Gutes genieße und bei dessen Ermangelung ich mich im größten Unglück befinde.

Ich werde meine Kräfte anstrengen um auszuharren in dieser Übung (mir immer Gott gegenwärtig vorzustellen), damit ich wenigstens eines Tages imstande bin, das Licht selbst durch das Licht zu schauen, das will sagen diese Weisheit, in deren Licht ich die Dinge betrachte, wie sie an und für sich sind, und diese höchste Wahrheit, in deren

Licht ich die Wahrheit aller Dinge, besonders aber die meiner eigenen Person schaue indem ich erkenne, daß ich so viel als nichts bin, und daß unter demjenigen was von mir selbst kommt, nicht in mir sich findet, was nicht verachtet und mit Füßen von der ganzen Welt getreten zu werden verdient.

Auf diese Art mich meiner selbst entäußernd und mich nur von Ferne und mit Verachtung betrachtend, werde ich mich in allen Dingen nach den Regeln dieser Wahrheit benehmen, welche mir die Dinge genauso darstellt wie sie sind, indem ich nach Höhe, Tiefe, Länge und Breite das Verhalten betrachte, welches die Wahrheit selbst gegen alle Dinge betrachtet und indem ich mit Gleichmut alles betrachte was nicht im Gleichgewicht ist und mit ruhigem Blick, das was in Unordnung und Unruhe sich befindet.

20. Kapitel.
Gebet eines Menschen, der sich mit Finsternissen bedeckt sieht und Gott beschwört sein Herz zu erleuchten.

O unveränderliche Wahrheit, die du die Leuchte meiner Augen, die ewige Weisheit, die Gerechtigkeit und der Friede bist, die du mein ganzes Gut, meine ganze Stärke und all mein Ruhm bist, mit welcher ich auf einem breiten und geräumigen Pfad wandle und ohne welche ich mich beengt fühle, an welchem Ort ich mich immer befinden mag.

Ich werfe mich mit Leib und Seele vor dir nieder wie ein Kind, wie ein zu allem unnützer Knecht und wie der geringste derjenigen, welche in dem Haus meines Vaters sind.

Ich rufe dir von weitem zu, indem ich es nicht wage vor dir hinzutreten, wegen meiner Unreinigkeit.

Hebe den Schleier, welcher zwischen mir und dir ist.

Reinige meine Augen, damit ich dich enthüllt sehe und befreit von den Finsternissen meines Herzens, damit meine Seele mit Freude und Eifer hineile um sich zu sonnen in deinem göttlichen Licht, und dem Lob verkündend, dich verherrliche in der heiligsten Freude.

Ach, Jesus mein Herr, wer kann dir überallhin folgen wohin du gehst? Wer unter den Menschen wird den Wegen der ewigen Weisheit folgen können, welche von einem Ende zum anderen reicht mit wunderbarer Stärke und welche alles mit unendlicher Anmut ordnet?

Sieh auf mich, o Herr, der ich vor deinem Angesicht stehe; die Augen meines Körpers und meiner Seele schwimmen in Tränen zu deinen Füßen bei dem Anblick meiner Ohnmacht; kaum vermag ich dir zu folgen, weil die Ketten meiner Eigenliebe mich elend gebunden und an mich gefesselt halten.

Wäre es möglich, o Herr, daß du bei dem Elend, worin ich mich befinde, dein Herz sich verschließe den Regungen der Erbarmung?

Willst du nicht endlich mich heimsuchen und nicht mir deinen allmächtigen Arm reichen, um mich aus dem Elend herauszuarbeiten?

Läßt du dich nicht rühren bei dem Anblick der Fesseln, die mich niederdrücken und der Verlegenheit, die mich niederbeugt?

Willst du mich nicht wieder erheben auf die frühere Ehrenstufe, die ich ehemals bei dir innehatte, in der Art, daß ich weder dieser, noch jener unter den Kreaturen ferner anhänge, sondern dir ganz angehöre.

Du sprichst nichtsdestoweniger zu mir diese Worte, so sehr mit Trost begleitet, du kannst mir folgen in dem Maß, als du dich immer mehr von dir selbst losreißt. Tue alles was dir möglich sein wird. Wende alle Kräfte deines Körpers an, habe keine Ruhe in deiner Seele bis du dich vollkommen von dir selbst losgeschält hast, und es dir geglückt ist, dich gänzlich in mich umgewandelt zu finden.

Warum glaubst du, daß in dem Himmel, diesem Land der Lebendigen, nicht der Ruf der Turteltaube gehört werde? Weil du noch nicht eine wahrhaft verlassene Turteltaube bist, und weil du noch einen

Anhang hier auf Erden hast welcher dich liebt; denn die Stimme der wahren und züchtigen Turteltaube deren Gesang so angenehm und deren Äußeres so schön ist, läßt es nicht daran fehlen, sich oft auf der Erde vernehmen zu lassen.

21. Kapitel.

Der wahrhaft Arme im Geiste setzt seinen ganzen Ruhm
in seine Armut und in sein Nichts.

ES wird mir Freude machen mich meiner Schwachheit und meiner Armut zu rühmen, das heißt, darin daß ich nichts durch mich selbst bin, damit die Kraft, die Stärke und die wahren Schätze Jesu Christi in mir wohnen.

Ich gebe alle Hoffnung auf meine eigene Kraft in allen Dingen auf, und ich habe kein Vertrauen mehr, welches sich auf mich selbst gründete.

Nichts gehört mir, als Leiden, Bedrängnisse und Elend und ich wünsche nicht einmal etwas zu sein, damit du, o höchstes Gut, mich fernhältst von allem, und ich nichts in mir besitzend, in dir einen vollkommenen und vollständigen Ruhm besitze.

Denn ich bin nichts als ein umherirrendes und flüchtiges Schaf, eine irregeführte Taube ohne Einsicht und Weisheit, nichts als ein Rohr vom Wind hin und her getrieben, ein neuangelegter Weinberg, der nichts als Disteln und Dornen hervorbringt, ich bin mit nichts als mit Elend und Finsternis erfüllt.

Ich bin preisgegeben der Eitelkeit, der Unbeständigkeit und Leichtfertigkeit, welche mich in jedem Augenblick hinreißt von einer Seite auf die andere.

Wenn in mir etwas Gutes, etwas Tugend, etwas Redlichkeit, etwas Gerechtigkeit, etwas Wahrheit und Friede sich vorfindet, so stammt dies von dir, der du das Gute, die Tugend, die Redlichkeit, die Wahrheit und der Friede selbst bist, von denen ich also jene Gaben empfange. Auf diese Art bist du alles in mir und ich bin in Wahrheit nichts, etwa so wie ein glühendes Eisen sagen kann, ich glühe, aber durch das Feuer glühe ich, und nicht durch mich, der ich nicht dieses Feuer bin; oder wie eine Lampe sagen kann, ich leuchte, aber dies Licht ist es, welches mich leuchtend macht, und nicht ich, der ich nicht das Licht bin, oder wie ein Werkzeug, zu einer Arbeit geeignet, sprechen kann: „Ich bringe dies Werk hervor, aber nur durch die Hand des Künstlers."

Ebenso kann man sagen, daß die Seele brenne, aber nicht durch sich selbst, sondern durch die Liebe welche in ihr ist; man kann sagen, daß sie leuchte aber nicht durch sich selbst sondern durch das Licht der Wahrheit, welche sie erhellt; man kann sagen, daß sie wirkt und handelt, aber durch den Beistand Gottes, welcher durch sie alles wirkt, was sie vollbringt. In dem Grade, als diese göttlichen Eigenschaften, das heißt, diese Liebe, diese Weisheit, und dieses Licht sich entfernen von derselben, verfällt dieselbe in Kälte und Finsternis, sie verhält sich wie ein Werkzeug welches an sich sehr vortrefflich, nichtsdestoweniger unnütz ist, und nichts hervorbringt, wenn die Hand des Künstlers es nicht zu seiner Arbeit verwendet.

Denn wie edel auch die Seele durch ihren Ursprung sein mag, welche Tatkraft und welche Einsicht sich dieselbe auch angeeignet haben mag, sie bleibt immer unnütz und bringt nichts hervor, wenn nicht Gott durch sie wirkt.

22. Kapitel.
Von der vollkommenen Selbstentäußerung.

DA die Dinge so verschieden in dieser Welt sich gestalten und auf eine solche staunenerregende Art, da die kommenden Ereignisse ganz unerwartet uns plötzlich überraschen und jene Angelegenheiten, um welche man sich viel sorgt, meistenteils nicht glücklich werden, so gibt es für Gott nichts Angenehmeres und für den Menschen nichts Vorteilhafteres zu seiner Beruhigung in dem Jammertal dieses Lebens, als sich wegen seiner gar nicht mehr zu bekümmern, alles zurückzuweisen was er in sich findet, – und was ihn fortreißen könnte auf strafbare Weise oder aus Schwachheit seine eigene Rechtfertigung zu suchen, – und mit ganzer Freiheit seines Herzens sein Heil Gott anzuvertrauen und sich nach seinem Willen leiten zu lassen, sei es daß er darin Bequemlichkeit oder Unbequemlichkeit findet, Trost oder Bekümmernis, sei es, daß Gott ihn leben oder ihn sterben läßt, sei es daß er ihn in Finsternisse versetzt, oder daß er ihn mit Licht erfüllt, sei es endlich, daß er dies oder jenes Verfahren gegen ihn beobachtet.

Der Mensch, welcher sich auf diese Weise ohne Rückhalt Gott hingibt, muß von seiner Hand annehmen was ihm immer begegnen mag, völlig und innigst überzeugt, daß das was er zuläßt, das Bessere sei.

So wird er keinen Kummer bei allen Ereignissen des Lebens empfinden, denn sie sind ja nicht durch sich selbst gut oder böse, und er wird nicht wünschen, daß sie auf diese oder jene Art und Weise sich gestalten.

Er wird in der Tiefe seines Herzens weder Zuneigung zu diesem, noch Abneigung vor jenem empfinden, aber wie immer dieselbe sich gestaltet, es wird ihm immerhin in dem Innersten seiner Seele sehr angenehm sein, von Herzen zufrieden, daß es so sei wie die göttliche Vorsehung es angeordnet hat.

Er darf auch nicht in sich den Gedanken nähren, der Lust zu den ihm angenehmen Gegenständen zu folgen, noch darf er Ekel empfinden, welcher das ihm Unangenehme zurückstoßen will, – was zu verstehen ist von denjenigen Dingen, welche die Guten und die Bösen ohne Unterschied besitzen können. – Er wird nur insofern daran teilnehmen, als sie seinem Fortschritt in der Vervollkommnung förderlich sind.

Er soll sich daran gewöhnen, sich sicherzustellen und einzig allein seinen Grund zu bauen auf das allein höchste, ewige und unveränderliche Gut, welches erhaben ist über alle Ereignisse, welches ihn niemals verlassen wird, wenn ihn auch die ganze Welt verlassen würde, und welches, wenn auch alles für ihn verloren scheinen würde, ihm doch immer ein wahrer und getreuer Freund verbleiben wird, mit welchem vereint er unerschütterlich sein wird, indem er wohlgemut Tag und Nacht vor seinen Augen in der Wahrheit und Weisheit wandelt, dadurch wird er in dem Maß erstarken, daß er niemals fallen wird, sie wird mit ihm nach den Sprüchen der Weisheit in die Gruft hinabsteigen und ihn nicht in der Gefangenschaft lassen, sie wird ihm die Wahrheit in zweifelhaften Dingen entdecken, in ihr wird er alle Dinge schauen je nach dem er dessen fähig sein wird, wie dies einzige und unveränderliche höchste Gut, auf welches er seinen Grund gebaut, sie erkennt und sie erkannt hat als dasselbe sie durch seine ewige Weisheit geschaffen hat.

Diese Weisheit wird ihm als Gefährtin dienen auf seinen Reisen, in seiner Wohnung, an allen Orten und zu allen Zeiten.

Sie wird seine Leuchte sein, welche niemals in der Finsternis erlöschen wird, sie wird seine angenehmste Unterhaltung sein.

Sie wird ihm die Stelle der angenehmsten Gesellschaften vertreten, wenn er in der Stille und Einsamkeit sich befindet, und sie wird ihm dienen zur inneren Salbung, welche ihm alle widrigen Ereignisse lindern wird.

In solcher wohltuender Gesellschaft wird er wegen nichts mehr in Sorge sein, weil er selbst die Fülle aller Dinge besitzt, da er im Besitz dessen ist, der alles in sich enthält.

In dieser Armut, das heißt, in dieser Verlassenheit von allen Hilfsmitteln und allen Tröstungen der Welt, und in dieser Abgeschiedenheit von allen ihm fremden Dingen, wird er vereint mit der Weisheit, welche ihn in seinem Innern begleitet ebenso herrlich und frei dastehen als wäre er der Herr der ganzen Welt.

Mag man ihn mit einem Sack bedecken, mag man ihn mit Asche bestreuen, mag man ihn der Augen berauben, mag man ihn auf den letzten Platz anweisen, mögen alle Menschen ihn verachten, mag er sich in einem Winkel seines Hauses verborgen aufhalten, mag eine Menge von Leiden ihn niederbeugen oder mag man ihn zur Herrlichkeit erheben und ihn günstig behandeln, nichts wird Eindruck auf seinen Geist machen, weil er im Besitz der Weisheit alles besitzt, es bleibt ihm demnach nichts zu wünschen übrig, und alle Trübsale werden die Fülle seines Glückes nicht im geringsten zu vermindern vermögen.

Darin besteht der rechte Weg der Auserwählten Gottes, der Weg der Wahrheit und Weisheit, auf dem jene, die ihn mutig in den verschiedenen Ereignissen des Lebens wandeln, endlich glücklich dahin gelangen wohin sie verlangen, der Geist der Bosheit wird nichts oder nur wenig von dem in ihnen finden, was ihm angehört.

23. Kapitel.
Wie sehr derjenige reich ist, welcher arm im Geist und im Herzen ist.

EIN wahrhaft Armer im Herzen, welchen Gott durch seine Gnade stark gemacht hat, mag in dem höheren Gebiete seiner Seele verweilend also sprechen: „Ich befinde mich in der Fülle und im Überfluß, weil ich alles besitze was ich in dieser Welt wünsche und weil ich es so besitze als besäße ich es nicht, indem ich es nicht mit Zuneigung besitze, und indem ich den Verlust desselben zu ertragen vermag, ohne im geringsten einen Nachteil davon in mir selbst zu spüren.

Die höchste, die vollkommene, die einfache und unveränderliche Wahrheit, welche in dem höheren Gebiet meiner Seele wohnt enthüllt mir unaussprechliche Reichtümer womit man nichts vergleichen kann, nämlich dies alleinige Wort des ewigen Vaters, welches in sich alle Dinge enthält und außer dem ich nichts mehr verlange.

Dasselbe läßt mich schauen mein Nichts, und daß ich aus mir nichts bin.

Es läßt mich schauen alle Sünden, welche meine Seele umstricken könnten in der Verschiedenheit der Neigungen dazu, und Gegenstände derselben, was in der Tat alle Kreaturen sind.

Ich betrachte nicht mehr auf eine gewöhnliche Art die Übel und Ereignisse des Lebens, nämlich nach dem verschiedenen Eindruck, den sie auf meine Sinne machen, sondern ich betrachte alle von dem erhabenen Standpunkt der höchsten Wahrheit, welche zu meinem Heil donnernd ihre Stimme gegen alle Dinge erhebt, welche ihr fremd und nicht mit ihr eins sind.

Naht nicht diesem Menschen, denn der Ort wo er sich befindet ist heilig.

So enthüllt mir diese heilige Wahrheit oft ihr Angesicht in meinem Innern auf dem Thron, an der Tafel, in meiner Zelle, bei den Unruhen, welche außer mir entstehen, bei meinen Arbeiten, bei meinen verschiedenen Amtsgeschäften, und sie lehrt mich ohne Unterlaß in meinem Innern mit dem Geist der Einfalt alles aufzunehmen was von außen kommt, um es nach dieser einzigen und mächtigen von ihr in mir hervorgebrachten Einsicht umzubilden.

Diese Anschauung der göttlichen Wahrheit übt eine solche Gewalt, daß sie vollkommen Herr meiner Seele und meines Körpers wird; nicht allein der Grund, sondern das ganze Gebäude des Gottestempels der Seele wird von derselben hingerissen zu dem Verlangen sich mit derselben zu vereinigen, um ihr überall hin zu folgen, wohin sie mich leitet um mit aller Kraft diesem Licht nachzuwandeln, welches sie mir zeigt und ihr ohne Unterlaß alles was ich bin und ich jemals sein werde mit allen Geschöpfen in der Zeit und Ewigkeit aufzuopfern.

Ich würde alsdann einen großen Trost und sehr merkbare Erleichterung erhalten wenn ich mich selbst äußerlich demütigen und unter alle Geschöpfe erniedrigen könnte, denn dies mächtige Licht macht mich fast zu nichts, im Hinblick auf das, was ich bin und im Hinblick auf die Sünden die ich begangen habe, und bringt mich zur Einsicht, daß alles was nicht mit ihr vereint ein reines Nichts ist.

Aber nachdem dieser Blick in die göttliche Wahrheit so in meinem Innern mich

vernichtet hat, so ergreift sie meine innere Ansicht, welche ich ihr mit so viel Freude darbringe, prägt sie aus und vereint sie unmittelbar mit der ihrigen; so wird ihre Ansicht und die meinige nur eine einzige und klare, welche sich über alle Arten von Dingen erstreckt in ihr, und durch sie sehe ich, so viel ich dessen fähig bin alle Dinge, welche da sind und geschaffen sein können und zwar so wie sie dieselben selbst schaut.

Deswegen bin ich mir gleichgültig und tröste mich in allen Leiden, welche noch über mich kommen.

Ich lasse alle Leiden, welche Gott über mich schickt um mich zu quälen nach der ewigen Ordnung seiner unveränderlichen Wahrheit, ich lasse dieselben mich peinigen und sich gegen mich erheben, indem ich ganz seinem Willen mich hingegeben habe.

Ich bringe ihm dar mein Leben, meinen Tod, alles was ich bin und was ich sein werde in Zeit und Ewigkeit, und ich will nicht die Torheit begehen, etwas, was es auch immer sein möge, mir anzumaßen oder das zu wählen, was mir mehr bequem und vorteilhafter scheinen würde."

24. Kapitel.

*Von dem Glück einer Seele, welche erhaben ist über alle
Ehre und über alle Verachtung der Menschen.*

SCHÄTZE alle Geschöpfe", spricht die Wahrheit, „soviel als ich sie selbst schätze."

Alles was meinem Geist sich darbietet, aber nur von einer Seele, die losgetrennt von Gott ist, verlangt werden kann, schien es auch heilig dem äußeren Anschein nach, was es aber nicht im geringsten ist, wenn der Mensch im Besitz desselben ist und ihn weder heiliger noch glücklicher machen würde, alles dies, sage ich, erregt in mir kein Verlangen danach, so wenig wie trockenes Holz oder verwelkte Blüten, welche man mit Füßen tritt, denn alle diese Dinge sind für mein Herz trocken und verwelkt.

Im Gegenteil, ich dulde in der Freiheit und in der Demut meines Herzens, jenes, wovor meine Sinne mehr Abneigung fühlen und was meine Sinne so sehr als möglich meiden, damit die einen wie die anderen, sozusagen, ihre Kraft verlieren durch dies einzige einfache und helle Licht der Wahrheit.

Ich ehre alle Menschen von ganzem Herzen, als den Thron der Herrlichkeit der allerheiligsten Dreieinigkeit.

Ich betrachte einen jeden von ihnen insbesondere als ein Wesen unendlich über mich erhoben im Himmel, indem ich mir nicht einmal den letzten Platz zuerkenne und zurückbebend vor der Anmaßung, daß ein so großes Glück mir gebühre.

Ich ehre sie aber so, daß ich niemand auf niedrige und unordentliche Weise fürchte, und daß ich nicht dulde, daß jemand über mich herrscht, sei es weil er mächtig ist, oder weil er hart und streng ist, oder weil er mir etwas Übles zufügen kann. Ich ehre sie, welche Erniedrigung, welche Verachtung, welche Kränkung, welche Schmach man mir immerhin antun mag ohne daß ich es verdient habe, mag man mich auch wie den Geringsten im Haus behandeln, mag man mich vernachlässigen und mag man mich während der ganzen Zeit meiner Verbannung auf der Erde wegwerfen, wie ein zerbrochenes und unnützes Gefäß.

Endlich mögen Leiden anhaltend auf mich einstürmen, und mögen es solche sein, welche die Sinnlichkeit am meisten verschmäht, sie werden an mir scheitern, weil ich handle wie einer, der über sie durch die Wahrheit erhaben ist, oder vielmehr, weil die Wahrheit selbst durch mich handelt und mich in eine himmlische Ruhe versenkt, worin

ich nichts von allen irdischen Dingen verlange oder fürchte.

Ich habe innerlich vor Augen diese unveränderliche Wahrheit, und dadurch bin ich erhaben über alles was mich äußerlich erheben könnte, und zu gleicher Zeit unterwerfe ich mich allem, was mich von seiten der Menschen erniedrigen kann, so gewaltig auch die Trübsale sein mögen die mir zustoßen können.

Dich preise ich glücklich, dich und keinen anderen nenne ich glorreich, dich, der du so erhaben bist über alle Neigungen und zu gleicher Zeit durch die Wahl und die Neigung deines Herzens dich allem unterwirfst, was dich demütigen kann, an welchem Ort, oder in welchem Verhältnis du dich befinden magst, sei es daß du mit Ehre und Würde, oder mit Schmach und Verachtung beladen bist, denn ich beachte nicht deine äußeren Verhältnisse, deinen Körper, deinen Stand, dein Amt, dein Wohlbefinden, den äußeren Prunk, der dich umgibt, diesen äußeren Glanz, der über dich, und über alles, was dir angehört, verbreitet ist, denn Gott sieht nur wenig auf diese Dinge, und in der Tat verdienen sie es auch nicht viel geschätzt zu werden, ebensowenig mache ich mir Sorgen um alles dasjenige was mir außerhalb mir begegnen mag.

Wie ich immer sein mag, zum Beispiel mit einem Sack oder mit einem kostbaren Gewand bekleidet, mag ich mich in einem Winkel des

Hauses oder an irgendeinem anderen Ort befinden, mag man mich verachten oder mich ehren, mag man mich den anderen vorziehen oder mag man mich denselben nicht vorziehen, alles ist mir gleich, denn von welcher Art immer das sein mag, was mir begegnet, es wird keinen Eindruck auf mich machen.

Das innere Leben eines Christen ist noch sehr schwach, und noch sehr bedenklich, und das Heil seiner Seele ist noch wenig befestigt, vielmehr sehr nahe dem Verderben, so lange dieselbe noch unterworfen ist den äußeren Einflüssen , so daß sie durch die Ereignisse der Außenwelt, welche ihr begegnen, erschüttert werden kann, oder zu jenen welche ihr angenehm sind, hingezogen wird, und sie jene flieht, welche ihr zuwider sind; denn es gibt keine größere Beschämung vor Gott, als die einer Seele, welche, obgleich sie von so edler Abkunft ist und das höchste Gut in ihrem Innern besitzen könnte, sich so weit erniedrigt, an so gemeine und so sehr der Verachtung würdige Dinge zu denken.

25. Kapitel.
Von den zwei Gebieten der Seele, dem niederen, welches das der Sinnlichkeit ist, und dem hohen, welches das ihrer sittlichen Umwandlung ist.

WEIL das niedere Gebiet der Seele, welches das der Sinnlichkeit ist, ganz mit Unruhen, Verwirrungen und Kämpfen erfüllt ist, so müssen wir alle unsere Kräfte aufbieten, um bald zu diesem höheren Gebiet zu gelangen und zu diesem Zustand der Seele, in welchem wir, wenn wir uns dahin erheben können, um uns selbst in der Wahrheit zu besitzen, nicht mehr auf so viele Widersprüche und Hemmnisse in unseren Schritten stoßen werden, sondern in welchem wir mit Gott wandeln werden in vollkommener Freiheit, ohne daß uns etwas hinderlich sein wird.

Wir werden alsdann, sozusagen, mit ihm wandeln, um von ihm begleitet uns allen Dingen zu nahen, welche bereit sind, welche täglich vorgehen und hierauf werden wir umkehren und in Gott durch seinen Beistand zurückkehren. Wir werden dabei den

Frieden bewahren in allem, ohne im geringsten uns zu beunruhigen, wenngleich das niedere Gebiet der Sinnlichkeit aufgeregt wurde durch eine Menge von Sorgen und Gelüsten, die in einem jeden von uns entstehen nach seinen Leidenschaften und Neigungen.

Denn wie sehr wir immer fortschreiten mögen, die Natur bleibt immer Natur; nichtsdestoweniger gelangen diese Unruhen und Aufregungen, welche jene hervorbringt, doch nicht in das höhere Gebiet der Seele, während dieselbe Sieger bleibt.

Wir können wohl empfinden die Reize vieler Tröstungen, welche nicht böse sein werden, wir können selbst Andachtsgefühle haben, welche unsere Sinne entzücken, wir können auch in denselben Ruhe suchen, aber wir werden immer unvollkommener und unbeständig bleiben und wir werden nie innerlich fest in der Erkenntnis und der Liebe der Wahrheit begründet sein.

Ebenso werden wir nie fest in unseren Schritten sein, so lange unser Lebenslauf dauert, sondern wir werden bald nach dieser, bald nach der anderen Seite hin wandeln, wir werden zwar immer wünschen vorwärtszuschreiten und vorwärtszueilen, um in jenen Zustand der Vollkommenheit zu gelangen, nach welchem unsere Seele verlangt, aber wir werden demungeachtet nicht in unserem Innern den Weg finden können, den wir zu wandeln haben, weil uns daran diese äußeren Tröstungen hindern, bei welchen wir uns aufhalten, statt daran vorüberzugehen.

Der Weg, auf dem wir unmittelbar zum Besitz des höchsten Gutes zu unserem ersten und ursprünglichen Zustand, zu jenem göttlichen Frieden gelangen können, besteht in der Liebe, welche wir für das Kreuz Jesu Christi haben müssen, dem wir uns hingeben, seinen

Schritten zu folgen, und unseren Frieden und unsere Ruhe nicht in äußeren Dingen oder in den Reizen einer bloßen Gefühlsandacht suchen, und ohne Sucht nach Bequemlichkeit, und ohne Abscheu vor Unbequemlichkeit ununterbrochen zu leben.

Denn während wir Wohlgefallen an unserer eigenen Ruhe und unserer eigenen Bequemlichkeit haben werden, werden wir in Unruhe und Unbeständigkeit uns befinden, je nachdem die Ereignisse sind, die uns von außen begegnen.

Deswegen müssen wir ohne Aufhören dahin arbeiten, unseren Geist von der Richtung auf die Außenwelt abzuziehen, um ihn auf das Innere hinzurichten, wo die Wahrheit uns den Weg zeigen wird, auf dem wir zum höchsten Gut gelangen werden.

Die äußere Kenntnis dieses Weges ist uns wenig nütze, wenn wir nicht durch innere Erkenntnis und durch unsere eigene Erfahrung des rechten Weges uns bewußt werden, auf dem wir wandeln müssen.

Ohne dies werden wir immer in Trockenheit und Finsternis uns befinden, ohne daß die Wahrheit aufhellt, weil wir nicht zu diesem einzigen Ziel gelangen, auf das alle Dinge der Außenwelt ja selbst die geheimnisvollen und geistigen sich beziehen und sich beziehen müssen.

In dem Maß, als wir glauben, äußerlich in sichtbaren, geistigen Eigenschaften Fortschritte zu machen z. B. in dem Ruf heilig zu sein, in dem Maß wird unser Herz leer und schrumpft ein, wenn Gott dasselbe nicht umwandelt und es nicht gleichförmig der göttlichen Majestät macht.

Aber wenn unser Herz einmal zu dieser Gleichförmigkeit gelangt, dann ertragen wir mit Vergnügen die Entbehrung aller äußeren Dinge, welche Gott uns zu geben versagt, ja selbst den Mangel an Achtung, weil alles dies uns nicht notwendig ist.

Denn in dem Maß, als wir in der Tiefe des Herzens heilig sein werden, werden alle äußerlichen Dinge, die uns begegnen eben dadurch heiliger und angenehmer vor Gott, weil sie in keiner Weise durch sich selbst dazu beitragen uns heiliger zu machen, und weil, welche Verbindlichkeit wir immerhin haben mögen, uns mit denselben zu beschäftigen, nach Beruf und Vorschrift wir doch nicht unseren Frieden darauf gründen dürfen.

Diese Dinge hindern uns oft einen wahren Fortschritt zu machen, weil wir uns daran hängen, und weil wir darin unsere Glückseligkeit sehen, ohne uns Sorgen zu machen durch sie uns zu der wahren und höchsten Heiligkeit zu erheben; denn es ist unmöglich, daß wir in Wahrheit geistig werden, so lange als wir mit äußeren Dingen und solchen Gegenständen, die uns offenbar hemmen und uns hindern, weiter vorwärtszuschreiten uns noch begnügen werden.

Deswegen, wenn wir nicht vollkommen auf uns selbst verzichten, so wird der Geist der Wahrheit, welcher uns alle Wahrheit lehren und uns anleiten muß, mit Sicherheit vor Gott zu wandeln, welcher ein verborgenes Einverständnis zwischen sich und allen Kräften unserer Seele vermitteln muß, nicht in uns herabsteigen. *Warum*, spricht der Prophet Jesaia, *wenden wir nicht unser Geld an um Brot zu kaufen und unsere Kräfte um uns zu sättigen? Warum erwerben wir uns nicht vielmehr für einen so wohlfeilen Preis dieses Gut, welches die Fülle aller Güter in sich enthält, da dies Gut unseren Hunger sättigen und uns zum Ziel all unserer Wünsche führen wird, da ferner, wenn wir nicht alles hingeben, was wir lieben und was wir besitzen, wir niemals erhalten werden, was wir wünschen.*

Daß die Traurigkeit und Mutlosigkeit unseres Herzens sich bemächtigt und uns niederbeugt und daß wir uns in unnütze Dinge verlieren, dies ist es was den Widerwillen verursacht, womit wir erfüllt sind, diesen Abscheu in allen Dingen, welche uns begegnen durch die Schickung Gottes, diese Unbeständigkeit und diese inneren Unruhen bei den Begegnissen wodurch sichtbar die Bescheidenheit und die Sorgfalt in unseren Verrichtungen leidet, denn da wir keine Herrschaft über uns selbst haben, so sind es besonders diese regen Leidenschaften, von denen wir uns auf elende Art und Weise fortreißen lassen. Alle diese Übel kommen über uns, weil wir uns mit äußeren Dingen beschäftigen und darin aufhalten und weil wir nicht von erhabenem Standpunkt aus und mit den Augen des Glaubens alles betrachten, was hier auf Erden sich ereignet.

Wer unter uns befindet sich nicht in Dunkelheit, wer unter uns sehnt sich nicht nach Licht, wer sehnt sich nicht diesem unaussprechlichen, nie erlöschenden Licht zu nahen.

„Aber wo ist der Herr?", sagst du, – er ist dir nahe und du weißt es nicht; das ewige Wort ist es, welches in deinem Mund, in deinem Herzen, vor deinen Sinnen ist, welches in und außer dir, über dir und um dich ist und welches dich begleitet, an welchen Ort du gehen magst.

Dies ist das ewige Wort, einfach und einzig, dies ist der Bräutigam, welcher so oft die vom Feuer seiner heiligen Liebe ergriffenen Seele seine Gegenwart genießen läßt, er enthüllt ihnen seine Güter, die Gerechtigkeit, den Frieden, das ewige Licht, welches alle erleuchtet, die ihm nahen wollen. Wir haben nur die Augen zu öffnen, um zu schauen und zu empfinden die Ankunft des Heilandes in uns, und zu wachen ohne Unterlaß in der Hoffnung auf ihn.

Gott kommt zu uns durch die Vermittlung seiner Gnade auf dieselbe Art, wie er in sich selbst ist, das heißt, mit seiner Weisheit, seiner Wahrheit, seiner Gerechtigkeit und allen anderen Eigenschaften, die wir in ihm empfangen.

Wenn wir ihn lieben und wenn wir in seiner Gnade sind, so wird alles zu unserem Besten beitragen ohne Unterschied, selbst bei widrigen Ereignissen und solchen Plänen, welche nur gemacht scheinen uns zu verderben.

Unsere Leidenschaften und natürlichen Neigungen und alles was sich gegen uns erheben kann, um ein Hindernis unseren guten Wünschen zu sein, werden viel zu unserer Vervollkommnung beitragen unter der Bedingung, daß wir wachsam sind.

Denn sobald sie unsere Seele angreifen, so flüchtet dieselbe zu Gott und zieht sich in ihr höheres Gebiet zurück, wo sie gedeckt ist gegen ihre Angriffe, und sobald die Kraft und der Mut ihr fehlt, so sucht sie dort ihre wahre Stärke und sie wird demütig durch die Erfahrung, die sie hinsichtlich ihrer Schwäche gemacht hat.

Wie könnte Gott, welcher von Ewigkeit so viel Liebe für uns hat, welcher uns so viele sichtbare Beweise seiner Liebe gegeben, welcher bei so vielen Gunstbezeugungen sich selbst uns völlig hingibt, wie könnte Gott, sage ich, zulassen, daß uns etwas begegne was nicht dazu dient uns in seiner Liebe weiterzubringen.

Wenn er zuläßt, daß uns etwa irgendein Übel begegnet, und wenn er uns verläßt wegen unserer Sünden, so ist dies nur zu unserem Besten.

Denn wir werden alsdann erkennen, daß wir eine Menge von anderen Verlusten verdient haben und wir werden sehr geneigt sein, alle Übel zu erdulden, welche über uns zu schicken ihm gefallen wird.

So müssen wir immer auf verschiedene Art und Weise zu Gott zurückkommen, nach den verschiedenen Verhältnissen worin wir uns befinden, um bei allen Ereignissen seine Gnade zu empfangen, und um zu ihm in allen unseren Trübsalen mit dem Propheten Jeremias zu sprechen: *Ich erkenne, daß ich mir dieses Elend bereitet habe und ich werde es ertragen.*

Der aufmerksam ist auf das Wirken der Gnade Gottes und dieselbe wohl erwägt, wird leicht begreifen, daß Gott alle Dinge zu unserem Besten anordnet.

Er wird sich weniger glücklich halten in der größten Armut, als bei den größten Reichtümern, nicht weniger in der Finsternis, als in dem Licht, und er wird vorteilhaft seine Finsternis benützen, um sie in Licht, und seine Armut, um sie in Fülle und Überfluß umzuwandeln.

Denn die Gnade ist wie ein Ring und wie ein Zirkel, welcher weder Anfang noch Ende hat.

Da sie von Gott kommt, so wirkt sie durch ihre Kraft in allen Kreaturen, und von den Kreaturen steigt sie wieder zu ihrer Quelle zurück.

So wandeln wir einmal mit Gott durch die Kraft seiner Gnade, vereint mit ihm durch diese Gnade, sicher vor allen Geschöpfen.

Mit ihm vereint ergeben wir uns in alles, was uns begegnet.

Wir ahmen demjenigen nach, der in allen Leiden, die über ihn kommen, sagen würde: „Dies ist von Ewigkeit her so angeordnet worden.

Es muß so geschehen, ich will daß es so sei.

Ich würde für mich keine andere Wahl vornehmen. Gott ist es, welcher diese Schwachheiten, diese Trockenheit, diese Leiden, diese Finsternis über mich geschickt hat, ich will darin mich üben und leben als wenn mein Hetz mit der gefühlvollsten Andacht zu Gott erfüllt wäre, um daraus einen beträchtlichen Vorteil zu ziehen.

Denn Gott beobachtet dieses Benehmen gegen mich nur aus Übermaß von Liebe, damit ich immer größere Fortschritte in der Tugend mache, um mir mehr Gelegenheit zu geben, mein Heil zu sichern." Dann erleuchtet das Licht unsere Finsternisse und unsere Finsternisse werden so hell als der Mittag.

Wir besitzen alsdann Gott, und Gott besitzt uns, in jener tiefen Einsicht, welche bewirkt, daß alle Außendinge, welche sich gegen uns erheben, nicht bis zu uns reichen können.

Da sind wir verborgen unter dem geheimnisvollen Angesicht Gottes, wir sagen ihm Dank, daß niemand uns da sieht, und daß vor den Augen des Fleisches Schwäche und Nichtigkeit erscheint, aus Furcht wir möchten uns erfreuen der Kräfte, welche in unserer Seele verborgen sind, wenn man sie entdecken könnte.

Wir müssen ebenso alle Dinge in der Verbindung betrachten, in welcher sie mit der göttlichen Vorsehung sind und nicht nach den Empfindungen unserer Natur.

Bilde sich niemand ein, daß wir niedergetreten, elend oder erbärmlich sind, etwa weil wir keinen äußeren Trost haben, weil man sich nicht um uns bekümmert, weil wir verstoßen, gedemütigt, verachtet, ohne Ehre und Achtung sind, und endlich weil wir uns selbst in dem Grade verachten, als wir wünschen, arm zu sein, und betrachtet zu werden, wie der Staub welchen die Welt mit Füßen tritt.

Ich nehme Gott zu Zeugen, in dessen Gegenwart wir in Wahrheit und Aufrichtigkeit wandeln, daß nichts von dem, was uns äußerlich abgeht, uns notwendig ist in diesen Verhältnissen, worin wir uns befinden.

Denn wir suchen nur das einzige und höchste Gut, indem wir alles besitzen, und außerdem alle Dinge uns eitel und nichtswürdig erscheinen.

Wenn Gott uns dieselben versagt, so wollen und können wir von ganzem Herzen dagegen gleichgültig sein, als gegen Dinge, die uns überflüssig sind.

Wenn unsere Natur deswegen Unruhe und Bestürzung empfindet, wenn sie nur gezwungen diese Unbequemlichkeiten, welche ihr zuwider sind, erträgt, wenn sie selbst unruhig wird darüber, daß sie nicht besitzt, was sie wünscht, so machen wir uns deswegen keine Angelegenheit, dies ist genug für sie, daß sie unterworfen bleibt, und daß sie nicht aus ihren Grenzen heraustritt aus Furcht, unsere Seele möchte von derselben fortgerissen werden.

So wird die himmlische Salbung, welche sich über das obere Gebiet unserer Seele verbreitet, sich auch öfter ergießen über die Empfindungen unseres Herzens und über die Sinne unseres Fleisches.

Dies wird in Erfüllung gehen, wenn sie nichts anderes wünschen, als daß der Wille Gottes hier auf Erden so in Erfüllung gehe, wie dies im

Himmel geschieht, wenn sie all ihren Widerwillen und all ihre Ungeduld unterdrücken und mit der größten Leichtigkeit die Unbequemlichkeiten und die Leiden erdulden.

Wenn wir auf diese Art dem Zug der Gnade folgen ohne uns von derselben zu entfernen, so werden wir immer von ihrem Licht erleuchtet sein, und wenn auch dies kein fühlbares und unserem Geschmack entsprechendes Licht sein mag, so werden wir doch in ihm nichts anderes suchen und verlangen, als was Gott uns zu geben beliebt, sei es, daß er uns in der Finsternis läßt, oder daß er sein Licht mitteilt.

26. Kapitel.
Mit welcher Sorgfalt Gott von uns fordert, daß wir unser Inneres und Äußeres umwandeln.

ICH werde mich stets bestreben, mich innerlich vor den Augen Gottes zu erneuern, welcher in seinem gerechten und unwandelbaren Gericht alles sieht, was in mir vorgeht, und welcher bis auf den Grund meiner Absichten in allen Dingen dringt, die mich aufregen oder mich anziehen.

Ich werde mich bestreben zu entdecken, ob unter denjenigen Dingen, welche nichtig vor seinen Augen sind, es nicht etwas gebe, für das ich Zuneigung und Gefühle der Wertschätzung hege.

Denn er fordert von mir mit äußerster Strenge eine vollkommene Gleichförmigkeit meines Innern mit seinem Bild, und meines Äußeren mit dem Leben, welches er in Menschengestalt geführt hat, damit ich ihm nicht allein zum Teil angehöre, sondern ganz.

Denn er ist es, der mich geschaffen und wieder umgeschaffen hat.

Er will nicht, daß das Werk seines Ruhmes, welches meine Seele ist, von Verwirrung und Unruhe bewegt werde, und er glaubt nicht, daß etwas in der ganzen Welt mächtig genug sei, um das Wohl der Seele, des Tempels der Wahrheit, zu vernichten oder was verdient daselbst eine Stelle zu haben.

Er will, daß wir uns zu ihm hinwenden und wir uns von allem trennen, um nur allein ihm anzugehören, indem ihm die höchste Gewalt über uns und über alles zukommt, was uns äußerlich beunruhigen kann.

Er will, daß wir uns mit ihm vereinigen und daß wir ihn besitzen, als wenn wir unserer selbst uns ganz entäußert hätten, daß wir uns nicht achten, sondern uns ganz erniedrigen und uns nichts um alles das zu bekümmern, was uns äußerlich oder innerlich begegnet, damit unsere Freiheit und unsere Sicherheit keinen anderen Grund haben als die tiefste Demut, die vollkommene Selbstverleugnung und die Gleichförmigkeit unserer selbst mit der unwandelbaren Wahrheit und ewigen Weisheit, welche sich vollkommen zum Meister all unserer inneren und äußeren Kräfte macht, und durch sie tätig und wirksam ist, wie durch freie Werkzeuge, welche von dem wahren Leben beseelt sind.

Er will auch, daß wir bei allen Dingen Gottes Weisheit, Wahrheit, Gerechtigkeit und Frieden im Auge haben, so viel, als unsere Schwäche vermag.

Er will, daß wir uns von allen äußeren Ereignissen unabhängig machen, wie groß auch die Unruhe sei, die wir deswegen empfunden haben.

Denn wie groß auch unsere Bedrückungen seien und wie betrübend auch die Hindernisse sind, die sich uns darstellen, dieser herrliche Weg, dieser Weg, welcher so breit und gerade ist, bleibt immerdar.

Er geht über unsere Sorgen frei hinweg, und gesetzt, daß wir ruhig verbleiben in der unwandelbaren Wahrheit, so zeigt er auch über alle Hindernisse hinwegzusetzen, nicht indem wir denselben ausweichen oder sie fliehen, sondern indem wir dieselben ertragen durch die Hilfe, die Kraft und die Macht dieses inneren Blickes, welcher so sicher ist.

Wir lernen auch auf dieser Himmelsstraße im Frieden und der Gelassenheit unserer Seele das so eitle Treiben, die Freuden und den Jammer, wozu sich die Menschen fortreißen lassen, zu betrachten, und wenn wir diese Mängel nicht zu verbessern vermögen durch unsere Sanftmut, so ertragen wir sie zum wenigsten auf diesem Weg, auf welchem wir uns wie in einem Sicherheitsort oder einer Festung befinden, wo keines von diesen Übeln zu uns gelangen kann.

27. Kapitel.
Ermahnung uns dem Bild Gottes gleichförmig zu machen.

WER wird es vermögen, auf würdige Art zu erwägen, wie Gott ohne Unterlaß in uns sein ewiges Bild betrachtet, welches unaussprechlich ist und nie vertilgt werden kann.

Er sieht und erkennt sich in uns wieder, da sein Bild ganz und nicht teilweise in unserer Seele aufgenommen ist, so viel nämlich wir dessen fähig sind.

In uns erfreuten sich seiner selbst und wir erfreuen uns in ihm seiner, da er aber eifersüchtig auf uns ist, so fordert er auch von uns mit großer Strenge diese Gleichförmigkeit, wozu er uns erschaffen hat, denn es ist unmöglich, daß der Gott der Herrlichkeit nicht eifersüchtig sei auf den Tempel und den Thron seiner Herrlichkeit.

Deswegen bemächtigt er sich manchmal all unserer Kräfte, nicht allein jener im höheren Gebiet unserer Seele, sondern auch jener im niederen Gebiet; er vereinigt sie so innig mit sich, daß er sie gleichsam unfähig macht zu handeln, damit nichts in uns sei, was ihn hindert, uns innigst zu besitzen und wir vollkommen ihn besitzen und wir in dieser Unfähigkeit zu handeln sein Wirken in uns fühlen.

Wie glücklich ist derjenige, welcher auf eine so ausgezeichnete Weise die Wirkung Gottes empfindet!

Wer wird mir diese Gunst zu erweisen vermögen, daß ich mich oft in diesem glückseligen Zustand befinde, damit ich jeder Erinnerung an mich ganz ledig werden könnte, und keinen Zugang in meinem Herz gestatte, in der Besorgnis weniger Geschmack an diesem göttlichen Wort, dem keuschen Bräutigam, zu haben, der mich gegenwärtig ganz besitzt innerlich und äußerlich ohne Vorbehalt.

28. Kapitel.
Welches die Erbschaft des wahrhaft geistig Armen in diesem Leben ist.

MEINE Erbschaft ist nicht von dieser Welt.

Ich will an nichts auf der Erde mehr Anteil haben und nichts mehr verlangen, als da verborgen zu leben, verachtet zu werden, und der Letzte von allen zu sein, damit niemand mich sehe, niemand sich nach mir erkundige und wegen meiner Besorgnis mache, als wäre ich ein Armer, welcher in der Tat von allen Menschen verachtet und zurückgesetzt ist.

Ich werde deshalb alle meine Kräfte aufbieten und Tag und Nacht innerlich und äußerlich wachen, um zu diesem Zustand zu gelangen, und in ihm mit innigster Liebe zu bleiben, als einer Gnade, welche ich schon seit langer Zeit zu besitzen wünschte.

Ich lasse diesen ihren Glanz, den sie durch ihre Größe, durch ihre Gelehrsamkeit, durch ihren Ruf sich erworben haben.

Der Glanz der Welt kümmert mich gar nicht, und da ich nicht im geringsten mich beachte, so begnüge ich mich mit jenen Dingen, welche am wenigsten geachtet, und am meisten verachtet sind, indem ich nur Augen für meinen Bräutigam Jesus Christus habe, sein Anblick genügt mir, ihm will ich allein gefallen.

29. Kapitel.

Von dem Lob, welches die heilige Armut verdient, und wie man durch die freiwillige Ertragung der Widerwärtigkeiten zu dem wahren Ruhm gelangt.

O Armut unseres Herrn Jesus Christus und aller seiner Auserwählten, wie herrlich seid ihr. Ich weiß nicht, welches Lob ich euch erteilen soll!

Ihr enthaltet in euch alle Reichtümer, alle Herrlichkeit und die Fülle aller Güter.

Wie geistig, wie erhaben wir auch immerhin sein, welche Gelehrsamkeit, welche Geschicklichkeit, welche Erfahrung wir immerhin haben mögen, um von der Tiefe der himmlischen Wahrheiten und den verborgensten Geheimnissen unserer heiligen Religion zu sprechen, so wird doch, wenn die Armut und das einfache Leben, welches unser Heiland auf der Erde geführt hat, ohne Wirkung auf unser Gefühl bleibt, das Gebäude, welches wir aufbauen, entweder von geringer Bedeutung sein oder in nichts zerfallen. Denn alles, was innerlich ohne Wirkung bleibt, tut sich auch nicht äußerlich kund und erbaut nicht. Die Liebe zur Armut ist es eigentlich, welche unsere Demut, unsere Einfalt und unsere Gleichgültigkeit gegen alle Dinge dartut. Sie bewegt uns, wenn es notwendig ist, bei den Ereignissen dieses Lebens das Niedrigste, Einfachste, Gemeinste zu wählen, und nur gezwungen selbst das Notwendigste zu gebrauchen.

Diese Liebe zur Armut treibt uns an, das Kreuz, die Leiden, die Mühen, welche anderen den größten Abscheu einflößen, mit Liebe auf uns zu nehmen und in der Art unser ganzes Leben zu regeln, daß unsere Bestrebungen, unser Betragen und Wirken jeden Augenblick das Zeugnis geben *unser Reich ist nicht von dieser Welt.*

Sie ist es eigentlich, welche uns heiligt, welche alle erbaut, die uns betrachten, welche bis jetzt vollkommen unsere heilige Religion erhalten hat.

Denn Jesus Christus hat uns sein Kreuz hinterlassen, um es zu tragen.

Er hat uns nicht die Freuden, die Vergnügungen oder den eitlen Ruhm der Menschen hinterlassen, sondern die Leiden, die Unbequemlichkeit, die Verachtung, die Abkehr von aller Art von Vergnügungen, damit wir schon in diesem Leben, welches wir hienieden führen, so leben, als hatten wir nichts mit dieser Welt gemein.

O wie süß ist das Joch Jesu Christi und wie leicht ist alles euch, die ihr euch freiwillig diesem Joch unterworfen habt.

Die Drangsalen, die Leiden, die Trockenheiten empfinden wir bloß, weil wir uns bestreben, das Kreuz zu fliehen und weil wir uns diesem himmlischen Joch nicht aus Liebe unterwerfen.

Denn wenn das Kreuz Jesu Christi und sein Joch uns angenehm werden könnten, wenn wir dasselbe liebten, wenn wir erfreut wären, mit Demütigung, Niedrigkeit und Armut uns zu sättigen, würden wir alsbald über alle Hindernisse, die sich uns entgegenstellen, uns erheben; Schmach wäre unsere Freude, Erniedrigung unsere Erhöhung, Armut unser Reichtum. Wir würden uns so verhalten, als wenn wir im nächsten Augenblick sterben müßten, obgleich wir voll Lebenskraft sind; wir würden so leben als befänden wir uns in Verachtung und Schmach, wenn auch wir mit Ruhm erfüllt sein sollten, wir würden so leben, als wären wir der Abschaum und die Schmach der Menschen.

Wenn wir in Gemeinschaft mit Gott bleiben, so sind wir von allen Seiten mit dem Schild seiner Wahrheit und Gerechtigkeit geschützt.

Wir sind alsdann nicht bedrängt und beengt. Nichts ist fähig, uns einzuschränken und uns zu beklemmen.

Und wenn das nicht wäre, würden wir bestürzt vor Gott erscheinen, entweder jetzt, oder in der Folge der Zeit.

Aber da wir diese Gnade besitzen, können wir sagen, daß wir von niemand oder von nichts Vergänglichem in Rücksicht auf Sinnlichkeit etwas wissen.

Ebenso, obgleich wir Himmel und Erde und alles, was sie enthalten und hervorbringen, betrachten, so beflecken wir uns doch nicht durch die Liebe, die wir zu ihnen tragen und wir ängstigen uns nicht durch die Furcht sie zu verlieren, aus dem Grund allein, weil das Wort selbst die höchste, die ewige und unveränderliche Wahrheit, die Weisheit und Gerechtigkeit Gottes ist, welche in unserer Seele die Oberherrschaft hat, unsere Finsternisse zerstreut, unseren Geist erhellt und ihn mit sich vereint in der Art, daß sie bei dieser so einfachen Erkenntnis, durch die sie alle Dinge schaut, nicht zurückbebt und zurückwankt und keine Scheidewand mehr zwischen seinem und unserem Angesicht in dieser Vereinigung und dieser innigen Umarmung ist.

In dieser heiligen Verbindung sehen wir ihn selbst und alle Dinge durch ihn, darin sieht er sich und besitzt er sich selbst, er ist es, welcher diese Erleuchtung bewirkt, er ist es, welcher geschaut wird und schaut.

Daher kommt es, daß unser Geist in seiner Erleuchtung und Erkenntnis aller Dinge, vermittelst der Wahrheit und Weisheit, hier nicht so viel als ihm möglich ist, erduldet, daß unser Gedächtnis oder unser Verstand durch irgendeinen Gegenstand verdunkelt werde, oder daß unser Wille oder unsere Liebe auf ihm (dem Geist) fremde Dinge hingeleitet und beunruhigt werde. In derselben Vereinigung geschieht es, daß wir Gott sein Abbild ganz rein und unentstellt darstellen, weil wir in dieser Vereinigung, sozusagen, nicht durch uns selbst wirken und nichts von dem in uns zurückbleibt, was uns eigen ist.

In dieser Vereinigung geschieht es, daß er uns Liebe durch seine Liebe, Weisheit durch seine Weisheit, Wahrheit durch seine Wahrheit, und überhaupt jedes Gut durch sich selbst verleiht, und daß wir Kinder der Annahme werden durch die Gnade, welche der ewige Vater uns verleiht durch seinen einzigen Sohn, welchem wir vollkommen gleichförmig sind, so viel nämlich unsere Niedrigkeit eines so großen Gutes teilhaftig werden kann.

30. Kapitel.

Auf welche Art der innere Mensch erleuchtet und vereinigt wird mit dem Wort (Jesus Christus). Wie sehr es notwendig ist, daß bei allen Begegnissen unser Auge einfältig und unsere Absicht rein sei.

DAß er mich küsse mit den Lippen seines Mundes!" spricht eine Seele von Liebe verwundet.

Dieses Verlangen ist ein sehr erhabenes und die Erfüllung dieses Verlangens eine Gnade, welche weit über die Grenzen unserer Natur hinausgeht.

Aber da die Liebe sich nicht auf vergängliche Dinge stützt, so erscheinen alle äußeren Güter, womit man uns bereichern kann, von wenig Bedeutung im Vergleich mit dem höchsten Gut, weil sie uns nicht zu sättigen und unsere Wünsche zu befriedigen vermögen.

Aber wenn die ewige Weisheit und unwandelbare Wahrheit uns ihr Angesicht, ihre unvergleichlichen Reichtümer und ihre ganz himmlische Schönheit entschleiert zeigt, so wünscht die Seele, welche jene erblickt, nichts mehr von allem dem, was in der Welt sich befindet, und die Glut der feurigen Liebe, welche sie empfindet für das glänzende Angesicht der Wahrheit, bewirkt, daß sie aus allen Kräften sich bemüht, mit ihr vereint zu bleiben durch die innigste, ebenso reine, als lebendige Umarmung derselben, als müßte sie sich innerlich umwandeln in dies göttliche Angesicht, welches sie entzückt, und als müßte sie einigermaßen ebenfalls so vollendet werden, als jenes Angesicht erscheint.

Voll dieses innigsten Sehnens und glühendsten Verlangens erzeugt der ewige Vater ohne Aufhören sein einfaches und einziges Wort (Jesus Christus) in welchem wir alle Dinge erkennen und schauen, durch welche wir lernen die Mannigfaltigkeit in unseren Handlungen und die Verschiedenheiten in unseren Beschäftigungen auf die Einheit zurückzuführen, da wir bei all unserem Wirken, über alle unsere Handlungen hinaus, zu dem ewigen Wort emporblicken, wie erhaben und göttlich auch jene (Handlungen) uns erscheinen mögen, denn das ewige Wort allein ist es, in welchem wir Ruhe und festen Grund, sowie eine sichere Richtschnur finden können, indem es unser Blick dem seinigen gleichmacht.

Bei diesem wechselseitigen Schauen schaut unser Leben, welches geschaffen ist ohne Aufhören, jenes unser Leben d. h. die Quelle unseres Lebens, welches neu erschaffen ist, welches von aller Ewigkeit her in Gott ist, so daß diese zwei nur ein einziges Leben in Gott bilden.

In diesem Schauen werden wir ferner ebenso gering und klein uns selbst vor dem Angesicht Gottes erscheinen als ein Kind, dessen Leben nur einen einzigen Augenblick dauert, und wir können uns nie genug erniedrigen, und dieses Gefühl der Demut, diese Erniedrigung unserer selbst, macht uns so frei, so sicher, so reich, daß wir solche werden, die gar nichts mehr bedürfen.

In derselben Hinsicht bleibt bei all unseren Gedanken, bei all unseren Unternehmungen, bei all unseren Werken unser Auge und unsere Absicht rein; unser Geistesauge betrachtet die Dinge mit soviel Umsicht und soviel Aufrichtigkeit, daß es zu jedem derselben sagen könnte: „Ich sehe offen was ihr seid, alles, was in euch ist, eure Bestimmung, euren Ursprung, euer Trachten und ich halte euch für nichts anderes, als was ihr in der Tat seid."

Ebenso werden alle unsere Schritte frei, ungehindert, Gott behende folgen, und vereint mit ihm, der Weisheit, der Wahrheit, und unserem Bräutigam, wohin er immer führt –soviel als unsere Schwäche uns es gestattet, weil wir nichts außer Gott können, sei es oben im Himmel oder hienieden auf der Erde, – wandeln.

Alles, was uns peinigt und unser inneres Auge blendet, wenn dies selbst ein dem äußeren Anschein nach sehr heiliges Gefühl sein würde, ist an sich sehr gefährlich, weil es den Bund bricht, welchen wir mit dem höchsten Gut eingegangen, und einen Schleier zwischen Gott und unserer von Gott erleuchteten Vernunft zieht, weswegen es durchaus notwendig sein wird, daß diese durch das Feuer gereinigt werde.

Bei allem, was äußerlich oder innerlich uns begegnet, ist es nötig, daß unser Auge aufrichtig und unsere Absicht rein sei; das Auge muß aufrichtig sein, um deutlich zu sehen, was jede Sache an sich nach der Wahrheit ist, welche das Schätzbare von dem Wertlosen unterscheidet.

Die Absicht muß rein sein, damit sie unser argloses Auge bei der Einsicht der Wahrheit aller Dinge begleite, damit vor allem, was uns eigen ist, wir befreit, und in allen Leiden getröstet werden.

Diese reine Absicht ist es, welche die Freiheit unserem Herzen gibt und welche seine Bande bricht, auf daß wir ohne Zögern und ohne Ekel alle Tugendhandlungen vor Gott und vor den Menschen, ohne Rücksicht auf jemand und ohne einen fremden Beweggrund verrichten.

Durch diese reine Absicht geschieht es, daß wir von allen leeren Gewissenszweifeln, von aller Unruhe, von aller Furcht des Teufels und der Hölle, von der Furcht vor dem großen Heer von Leiden, die über uns kommen können, vor der Bosheit aller Menschen und vor den Gesinnungen, die man gegen uns selbst von seiten der in der Welt mit den höchsten Ehrenstellen bekleideten und überhaupt vor allem, was uns Mühsal bereiten kann, frei werden.

Die reine Absicht ist es, welche uns auf den breiten Pfaden der Gerechtigkeit und Sittsamkeit geleitet, welche uns mit Sicherheit die Worte aussprechen läßt: „Wenn ich über die Schatten des Todes werde hinübergeschritten sein, werde ich kein Übel zu fürchten haben."

Durch die reine Absicht bei unserem Benehmen nähern wir uns Gott mit Vertrauen, und verbleiben in seiner Gegenwart, ohne verwirrt zu werden.

Durch sie unterhalten wir uns angenehm mit unserem König, welcher der Herr der Heeresscharen ist, durch sie reden wir ungezwungen und offen zu ihm, durch sie drängen wir ihn, durch sie bringen wir ihm ein feierliches Opfer, ein heiliges Weihgeschenk dar, uns selbst ihm aufopfernd.

Durch sie erscheint uns die Welt mit allem, was sie darbietet, nichtig; wir ziehen uns zurück von den Geschäften der Welt und allem unnützen Treiben, das uns an dieselbe fesseln würde, es wird uns unmöglich die Gegenwart der Weisheit außer Augen zu lassen, um uns der Torheit und Lüge zuzuwenden; denn alles, was nicht Wahrheit und Weisheit ist, oder was sich nicht mit ihr vereinigen läßt, ist in der Tat nichts anderes, als Torheit und Lüge.

Es erfüllt sich der Spruch des weisen Salomo: *Der König, der da thront auf dem Thron der Gerechtigkeit, zerstört durch seine Gegenwart alle Übel, weil unser Geist vereint ist mit der Wahrheit. Weisheit und Gerechtigkeit, welche in seinem höheren Gebiet als ihrem Sitz wohnen, erhaben über alle Geschöpfe, und weil ferner die Einsicht unseres Geistes, deren wir uns erfreuen, sodann ein und dasselbe mit jenen göttlichen Eigenschaften geworden ist, und derselbe (unser Geist) durch die Kraft seiner Einsicht alle Übel, welche sich gegen ihn erheben und ihn der Wahrheit unähnlich machen könnten, verjagt, und zunichte macht.*

Die reine Absicht im Innern hebt den Schleier, welcher zwischen Gott und der Seele ist, oder vielmehr alle Dinge verschwinden vor der Gegenwart Gottes wie vor einem strengen und gerechten Richter.

Er befreit uns von allen Leiden, welche uns niederschlagen und unsere Ruhe stören könnten, er schreibt ihnen vor die Grenzen, welche sie nicht überschreiten werden, indem er zu ihnen spricht: *Ihr sollt nicht bis hierher vorschreiten, und ihr sollt nicht weitergehen.*

Wenn alle diese Übel, welche so sehr uns bekämpfen, vollkommen kraftlos gemacht sind, läßt sich die Stimme der reinen Seele, welche noch im Land der Bedrängten wohnt, oft vernehmen.

Denn alle Neigungen, alle inneren oder äußeren Verrichtungen desjenigen, der sein Leben so einrichtet, seine Sitten, seine Gedanken sind ebenso viel mächtige Stimmen, welche sich zu Gott erheben, und selbst wenn er schläft, so hören seine Tugenden, seine Frömmigkeit, seine Unschuld, seine Gerechtigkeit, seine Keuschheit, und alle übrigen Tugenden, welche aus seiner Liebe hervorquellen, nicht auf, ihre Stimme zu den Ohren des himmlischen Bräutigams zu erheben. In den Sprüchen des weisen Salomon steht geschrieben: *Mehrere Töchter häufen auf eine Masse von Reichtümern, von Ehre, von Ruhm, von Annehmlichkeiten und von allen Gütern, worauf sie ihre Glückseligkeit gründen, aber diese da – die reine Seele – übertrifft sie alle durch die geringe Rücksicht und ihre Gleichgültigkeit gegen alle Dinge der Welt.*

Das Wohlgefallen und ein einziger huldvoller Blick ihres himmlischen Bräutigams genügt ihr, denn in ihm findet sie alles und begehrt nichts weiter außer ihm.

Obgleich sie keines von all den Gütern besitzt, wonach die anderen verlangen, so bleibt doch ihre Glückseligkeit, deren sie sich erfreut, ungeschmälert, im Gegenteil, wenn sie alle Güter insgesamt besäße, würde ihre Glückseligkeit nicht im geringsten zunehmen.

So kann sie alles entbehren, ohne daß sie deswegen einen Verlust empfindet.

Mögen die anderen, was ihnen immerhin beliebt, suchen und Verlangen, mögen sie von einer Leidenschaft hin und her getrieben, mögen sie von einer anderen fortgerissen werden, mögen sie ihr Herz mit der ganzen Welt der Sinnlichkeit beschäftigen, diese Seele kann nichts hoch, wertvoll und kostbar schätzen, als das Angesicht ihres Gottes und als die Umarmung ihres himmlischen Bräutigams.

Alles übrige erscheint nichtig und verwelkt in ihren Augen.

Sie ist eine von jenen reinen Jungfrauen und jenen unbefleckten Bräuten ihres himmlischen Bräutigams, welche völlig unverdorben, und in nichts geschwächt und durch nichts in der Sinnenwelt gehindert, überall ihrem Bräutigam folgt, so sehr es ihr nur immer möglich ist.

Sie besitzt eine wahre Erkenntnis jeder Sache, und dessen, was sie an und für sich ist, sie besitzt die einfachste Kenntnis der Wahrheit, alles, was ihr solche Gefühle einflößt, die denen, welche sie nach dem Ausspruch der Wahrheit haben soll, entgegen sind – alles das beachtet sie nicht.

Ihr Leben ist geregelt auf allen Seiten und bei allen Ereignissen auf diese Weise, weil ihr himmlischer Bräutigam ihr ganzes Leben ist, und alles was ihr Leben unterhält, und weil ihr Inneres möglichst gleich demjenigen ist, der sie erschaffen und für den sie erschaffen worden.

Ihr ganzes äußeres Benehmen ist ein Spiegel ihrer inneren Tugenden, ein Bild einer vollkommenen Seele, und bietet nichts dar, was der Heiligkeit und Sittsamkeit einer reinen Seele unwürdig sein könnte.

So geht nichts in dieser Seele vor, was ihre wahre Reinheit und Unschuld beflecken oder verderben könnte und ebensowenig in ihrem Äußeren, sei es in ihren Reden oder in ihren Blicken, oder in ihrem übrigen Benehmen. Es ist nichts in ihrem äußeren Betragen zu bemerken, was zu frei, oder zu wenig anständig oder unanständig sei.

Wenn diese Seele sich von etwas anderem, was es immer sein möge, fesseln ließe, und Gedanken in ihr sich bildeten, welche sie Gott untreu machen und von ihm entfernen würden, so könnte man sie nicht mehr eine treue Braut nennen, sondern eine meineidige, wenn sie nicht alsbald jene Bilder in ihrem Geist zurückweisen würde, welche sie von Gott entfernen.

Niemand weiß, wie sehr die Seele mit dieser Art von Gedanken erfüllt ist, als jene, welche oft davon befreit worden ist.

Aber da diese Seele oft zerrissen und in ihrem niederen Gebiet gewaltig aufgeregt ist, so ist es notwendig, daß sie sich vom Geräusch der Welt von dem Wirrwarr, der sie umgibt und von allem, was sie darniederbeugen kann, losreißt.

Es ist notwendig, daß sie sich zurückzieht an einen Ort, wo sie nicht allein nichts verlangt, was sie vor Gott anklagen oder sie reuen könnte, es ist ferner notwendig, daß sie alle ihre Kräfte aufbietet, um nur der Betrachtung des höchsten Gutes, das ihr Bräutigam ist, sich hinzugeben, in diesem höchsten Gut findet sich nichts, was der Veränderung, der Zeit, des Ortes dieser oder jener Lage, oder einem widrigen Geschick unterworfen ist, indem dasselbe von allen diesen Dingen unabhängig ist und einen sicheren Grund ihres Lebens findet, der nicht den Zufälligkeiten des Lebens unterworfen ist.

In diesem höchsten Gut schaut die Seele alle Güter, den beträchtlichen Umfang der Güte und Wahrheit, die Schönheit der Gerechtigkeit, die immer gerade und unzerstörbare Bahn der Gerechtigkeit, auf welche sie sich bezieht, und nach welcher sie alle Vorgänge des inneren und äußeren Lebens beurteilt und nach welcher sie die Wurzel und den Grund ihrer Absichten in allen ihren Schritten und Tritten prüft um zu erkennen, in welchem Grad sie der Gerechtigkeit ähnlich oder unähnlich ist.

Nun vernimmt sie Gott, der zu ihr spricht, daß alle Dinge, welche sie sieht, welche sie fühlt und deren sie sich erfreut, ebenso viele Güter sind, welche in ihm enthalten sind und deren sie sich ewig in der Wahrheit erfreuen wird, deren Bild sie immer sein wird, wenn sie ihr getreu und rein bleibt, so daß sie gut in sich selbst und die Güte in Gott ist, daß sie wahrhaft friedlich, weise, gerecht und glücklich in sich selbst und sie die Wahrheit, der Friede, die Weisheit, die Gerechtigkeit und Glückseligkeit in Gott ist, oder in der Art, daß diese himmlischen Eigenschaften in ihr gleichsam als ebenso viele Götter durch innige Teilnahme an Gott bestehen.

Diese Seele so reichlich prangend mit herrlichen Lilien lädt mit Grund ihren Bräutigam ein, zu kommen in den Garten, geschmückt mit ihren Nußbäumen und zu sehen die Apfelbäume ihrer Täler und zu schauen nach der Weinrebe, ob sie schon blüht.[3]

---

[3] Hohel. 6.

Sie lädt ihren Bräutigam ein, auf ihre Auen zu kommen und zu ruhen auf dem Blumenlager, das sie ihm bereitet, das heißt in ihrem Herzen, welches so rein ist, so herrlich wie eine geschmückte Wohnung und erfüllt mit Wohlgerüchen, damit er sich erquicke in ihren Gärten, sich Lilien pflücke, oder vielmehr, auf daß er selbst ihre Lilie, ihre Blumenflur, ihre Reinheit, überhaupt all ihre Zierde, all ihr Wohlgeruch sei.

Denn in der Tat ist er es, welcher sie erquickt und welcher sich wiederum in ihr erquickt und alles das, was ich an der Braut dargestellt habe, und selbst diese Herzensreinheit, welche in ihr wohnt, bringen keine andere Wirkung in ihr hervor, als daß sie schon zum Teil ihren göttlichen Bräutigam besitzt.

Aber sie verdoppelt oft diese Bitte, damit derjenige, welcher schon zum Teil in ihr gegenwärtig ist, sie recht oft besuche, daß er sie immer mehr mit seinen Segnungen erfülle, und daß er ihr recht oft enthülle die Schönheiten seines Angesichtes, welches er ihr manchmal entzieht, damit sie ihn mit desto größerem Eifer suche und damit sie denjenigen, welcher sich ihr jetzt nur noch zum Teil mitteilt, ganz nach ihrem Wunsch erhalte, indem sie sein Angesicht enthüllt sieht.

O meine Seele, alle deine Sorgen bis jetzt werden dir zu nichts dienen, wenn du nicht ein viel wirksameres Mittel anwendest, um jener inneren Gleichförmigkeit und Gerechtigkeit des Geistes, wonach du verlangst, teilhaftig zu werden.

Denn sonst würdest du fallen in den tiefen Abgrund der Finsternisse, du würdest unähnlich und ungleichförmig deinem hohen Vorbild werden.

31. Kapitel.
Die Tugend ist in sich unveränderlich und nicht den Zufälligkeiten unterworfen.

ALLE Vorgänge und alle Ereignisse im Leben finden dich so fest und unbeweglich, als ein fester und viereckiger Stein auf seiner Grundlage es ist.

Die Tugend, welche ihrem Wesen nach Gott selbst ist und immer vollkommen und unveränderlich bleibt, erleidet keine Ab- und Zunahme, hingegen jene Tugend, welche wir besitzen, kann vielleicht wachsen oder abnehmen, so lange wir nämlich auf der Erde leben. Sie ist kostbar und angenehm vor Gott in dem Maß, als sie bei Widerwärtigkeiten, bei Widersprüchen, bei Unruhen und Kämpfen fest und beharrlich ist.

Wenn sie in der Trübsal niedergeschlagen wird, so ist wohl anzunehmen daß sie noch nicht wahrhaft Wurzeln in uns gefaßt hatte, als wir uns in dem Zustand der Ruhe befanden.

Die Tugend, welche sich durch ihre Kraft aufrecht erhält, unter Widerwärtigkeiten und schwierigen, traurigen Verhältnissen, ist ohne Vergleich viel angenehmer, als diejenige die nicht angefochten wird, sondern immer von Glück und Frieden umgeben ist. Die Tugend an und für sich ist erhaben über alle Ereignisse, welche ihr begegnen können, und sie sind nicht fähig sie zu erschüttern.

Wenn die Tugend einmal vereint ist mit der Seele des Menschen und sie diese durch ihre Vereinigung mit ihr einigermaßen nebst allem, was sie enthält, umgewandelt oder der Teilnahme der ihr einwohnenden Eigenschaften gewürdigt hat, so begnügt sich dann dieser Mensch nicht jede Art gute Werke mit Mut auszuüben, sondern sie erträgt auch mit Kraft und Sanftmut alle Leiden, die über sie kommen, wenn auch die übrigen Menschen, nachdem er sich pünktlich seine Pflicht erfüllt hat, nicht aufhören, ihn zu tadeln und ihn zu verachten als einen Menschen, der keiner Achtung würdig ist.

Er weiß alle Dinge zu würdigen und zu beurteilen, ob sie mit dem höchsten Gesetz übereinstimmen, oder nicht übereinstimmen, erkennt jene, welche im Gleichgewicht, oder im Schwanken sind; mit einem Wort, er kennt alle geschaffenen Dinge, welche Gott untergeordnet sind, und weiß indessen bei all diesen Dingen unbewegt zu verbleiben, ohne wegen etwas außer Fassung zu kommen und ohne wegen etwas in Verwirrung zu geraten.

Er hat nicht notwendig dieses zu meiden und jenes zu verachten, so furchtbar ihm auch die Folgen erscheinen, die für ihn daraus hervorgehen.

Aber sobald etwas sich gegen ihn erhebt, um ihn in eine andere Stimmung zu versetzen, als die ist, worin er sich gegenwärtig befindet, so macht er dasselbe alsbald kraftlos, und nötigt es, sich zurückzuziehen.

Er bleibt Sieger, indem er nicht den Kampf flieht oder verheimlicht, und zwar mit solcher Kraft, daß man ihm geben wird jenes verborgene Manna und jenen neuen Namen, der von niemand erkannt wird, als von jenem, der ihn empfängt[4], und alles, was ihm begegnen mag, wird so sicher und mächtig von ihm beherrscht, daß, wie auch die auf ihn einstürzenden Widerwärtigkeiten sein mögen, er unverrückt bleiben wird wie ein Stein.

Wenn er sich in diesem so vollkommenen Zustand erhalten kann, so werden die äußeren Verhältnisse nicht vermögen, ihm wehzutun, vielmehr dieselben werden ihm Veranlassung sein, immer mehr in der Vollkommenheit vorwärtszuschreiten.

Aber wäre es möglich, daß er ohne Ruhm und Trost bliebe, weil er außer Gott keinen sucht? Ist es ein unbedeutender Ruhm für ihn die Wissenschaft des geistlichen Lebens zu besitzen, und sich zu beschäftigen mit dem Streben nach Wahrheit und Liebe? Oder was hat mehr Wert durch Mitteilung von oben in einem gewissen Maß die

---

[4] Apok. 2, 17.

Liebe selbst geworden zu sein den inneren und äußeren Menschen Gott gleichförmig zu machen? Ferner weder durch die Liebe, noch durch die Furcht vor gegenwärtigen Dingen gefesselt zu werden, endlich Gott seinen Herrn zu lieben und zwar mit solchem Eifer, daß er sich selbst ganz vergißt und wünschen würde völlig in Gott umgewandelt zu werden, wenn dies nicht unmöglich wäre?

So sehr fühlt er sich ganz und gar von Liebe und Inbrunst zu seinem Gott durchdrungen.

Außer diesem Vorteil gibt es noch einen anderen, welcher ihn vollkommen frei macht, wenn er sich rühmen kann, ihn zu besitzen, dieser ist die Armut, das ist, die demütige Gesinnung über sich selbst, von der Welt verachtet, nicht angesehen zu werden, in Betrübnis, in Verachtung, in Leiden dahinzuleben und zu verlangen, vor den Menschen als der letzte von allen angesehen zu werden.

Wenn ein Mensch so weit gekommen ist, so gibt es dann keinen Sturm, der imstande wäre, ihn umzustürzen, weil nichts ihn zu überraschen vermag, weil er alles voraussieht und auf alles, was Gott über ihn in seiner Vorsehung von Ewigkeit her angeordnet hat, im Frieden und Gleichmut des Geistes gefaßt ist.

Denn die Weisheit Gottes, welche die mächtigste, die reichste, die angenehmste, die glorreichste aller Weisheit ist, schreitet vor ihm einher, zeigt ihm diese so schöne und breite Straße, sie begleitet ihn, gleichsam an der Hand ihn führend und ihn unterstützend, sie umgibt ihn von allen Seiten und geleitet ihn glücklich zu diesem Ziel, welches ihn in die ewige Glückseligkeit einführen wird.

Durch diese Weisheit unterwirft er sich jene Gedanken seines Geistes, und jene Neigungen seines Herzens, welche der höchsten Wahrheit unähnlich sind, durch dieselbe ordnet er alles an, was sich ihm darstellt, wie es ihm gefällt.

Er stellt ihr alle Kämpfe und alle Schwierigkeiten, welche ihn umringen dar, damit er durch sie seine Feinde bekämpfe und ihre Anfechtungen zurückweise.

Durch ihre Hilfe vereint und sammelt er alle seine inneren und äußeren Sinne, alle seine Kräfte, alle seine Neigungen, er entfesselt sie von den Kreaturen vor den Augen Gottes, welche weder dem Wechsel unterworfen, noch von Zeit und Raum und was darin vorgeht abhängig ist; er läßt sich mit allem was ihm angehört in dem nieder, in dem alles dies seinen Grund hat.

Diese Weisheit bewirkt, daß auf der einen Seite die Welt mit all ihrer Macht ihn nicht soviel erheben, oder in Achtung und Ehre bringen kann, als er in allem sich zu verachten und sich selbst zu erniedrigen vermag.

Aber andererseits bewirkt sie, daß die Verachtung, welche er empfindet, daß seine Schwächen, seine Gewissensängste und seine Zweifel insgesamt nicht Stärke genug haben, um ihn niederzuschlagen, und um ihn, da er begleitet ist von seinem guten Gewissen, zu entmutigen, daß er sich wieder erhebe, und sicher dastehe ohne erschüttert zu werden.

Denn die Gegenwart der unveränderlichen Wahrheit und Gerechtigkeit Gottes gestattet ihm, eine andere Empfindung für die Dinge der Außenwelt zu haben, als welche er nach seinem eigenen Urteil haben sollte, indem er immer beharrlich in der Gegenwart Gottes verweilt.

Ebenso verlangt er nichts von allen diesen Dingen, welche außer Gott sind und wonach die Menschen mit so großen Leidenschaften verlangen nämlich: Ehren, Würden, hohe Ämter, und ähnliche Dinge, weil er ohne Aufhören mit einem unglaublichen Eifer nach der Wahrheit sich sehnt, und weil er sich gleichmäßig über alles erhebt, was ihn befriedigt, oder belästigt, wie Leiden, Übel, über das, was ihm angenehm oder bitter erscheint, und weil er alles in seinem Geist, wie auf einer genauen Waage abwägt, ohne daß ihn etwas durch die Schwere seines Gewichtes fortzureißen vermöchte, wie immer sich auch dasselbe ihm darstellt, indem er nichts verlangt, und wünscht für seine eigene Befriedigung.

Er zwingt alle äußeren Dinge außerhalb seiner selbst zu verbleiben und sich, sozusagen, vor der Tür aufzuhalten, als ganz unnütz und nichtig; er hält sie so darnieder, daß sie ohnmächtig niemals imstande sein werden, ihn zu diesem hohen Ruf von Ansehen zu erheben, wo seine Seele über sich selbst erhaben, alle Dinge besitzt, indem sie mit dem Heiland vereint ist.

Er kümmert sich selbst sehr wenig um sich, indem er in dieser Vereinigung mit Gott verbleibt, so daß, wenn er erkennen würde, daß Gott mehr geehrt würde, wenn er in die Hölle gestürzt würde, als wenn er zur erhabensten Stufe der himmlischen Geister erhoben würde, er gegen jenes nichts einwenden würde.

Wie könnte er sich nun kleiner Leiden wegen bekümmern, die ihm alle Tage begegnen, er, dessen Herz so frei ist und gleichgültig hinsichtlich der ewigen Leiden?

32. Kapitel.
Es gibt nichts außer Gott, was wahrhaft die Seele befriedigen kann.

MÖGE er mich küssen mit seinem Mund[5], möge das Wort (der Heiland) mein Bräutigam sich mit mir vereinigen, möge die Weisheit ohne Aufhören in mir wirken, dann werde ich mich wenig darum bekümmern, ob die Erde und alles, was sie enthält, mich verschmäht.

Nichts auf derselben soll imstande sein mich zu belästigen.

---

[5] Hohel. 7.

Aber wenn das Wort (der Heiland) mir seinen Kuß versagt, so wird alles, was außer dem Bereich der Gottheit ist, nicht imstande sein, mich zu trösten.

Denn wozu können alle, unserem Geist ganz fremde Dinge dieser Welt dienen!

Welchen Vorteil würde er daraus ziehen, wenn er sie auch alle besäße, im Fall er sich nicht bestrebt, sich mit Gott immer mehr und mehr durch wahre innere Freiheit und durch die Reinheit seines Herzens in der Art zu reinigen, wenn er alles Irdische, was an ihnen ist und was ihn verderben könnte, abschneidet, daß er ebenso klar in seinem Innern durch die Augen seines Geistes schaut, als er durch die seines Körpers die sichtbaren Dinge erblickt.

Im Gegenteil, wenn er nicht mehr Liebe für die Armut, für die Verachtung, für die Niedrigkeit empfindet, wenn die ganze Welt ihm nicht eine unerträgliche Last ist und für nichts vor seinem Geist geachtet ist, wenn er nicht weiser, nicht ernster, nicht als ein besseres Muster von Sittenreinheit vor dem anderen erscheint, so werden alle jene irdischen Dinge nur zu seinem Verderben beitragen.

Wenn er außerdem nicht merkt die Schwäche, welche er sich dadurch zu gezogen hat, so gehört er zu der Zahl derjenigen, von denen der Herr durch den Propheten spricht: *Die Fremden* (das Irdische) *haben all seine Stärke verschlungen, ohne daß er es weiß.*

Er stirbt, und in diesem Augenblick ruft ihn Gott; aber ach, wozu sollen ihm alle diese Dinge dienen, wenn sein Geist nicht wahrhaft mit dem Geist Jesu Christi vereint und gleichförmig geworden ist?

Wir sollen uns deshalb beständig an irgendeinem Ort erneuern, in welchem Stand, in welchem Verhältnis wir uns immerhin befinden mögen; weil das Angesicht des Wortes (des Heilandes) so viel Glut und Gewalt besitzt, daß dasselbe sich offenbarend in uns alle unsere Eigenliebe und alles, was nicht des Heilandes ist, zerstört und vernichtet.

Der Anblick des göttlichen Heilandes macht so arm und so klein im Geist, als wir es immer vermögen wegen der Gelüste unseres Herzens, die uns nicht demütig zu werden und uns unter alle Kreaturen zu erniedrigen gestatten.

Derselbe verscheucht durch seine Gegenwart alle jene Bestrebungen, die auf etwas Irdisches hinzielen, und fordert uns vor allem auf, daß unser Inneres ein Spiegel des seinen und unser Inneres mit dem seinigen vereint sei, um an allen göttlichen Eigenschaften, welche demselben eigen sind, teilzunehmen.

So ist es auch jedesmal als der ewige Vater in uns spricht, und wirksam, und fühlbar seine Stimme in uns vernehmen läßt, notwendig, daß unsere Seele und alles, was uns zugehört, schweige, ohne zu handeln, und ohne von dem Platz zu weichen, den sie einnehmen, und einnehmen müssen.

Aber wenn du mich fragst, wie dieser Mensch bei den Ereignissen, die ihm begegnen, sich benimmt, sei es, daß sie ihm günstig oder nachteilig sind, und ob sein Geist nach ihrer verschiedenen Beschaffenheit wankt? – So antworte ich: „Nein, denn begleitet von dem Licht der Weisheit, ist es ihm leicht, den Vorfällen des Lebens einen beliebigen Platz anzuweisen, und die günstigen hierher, die ungünstigen dorthin zu versetzen."

33. Kapitel.
Man muß die Schwäche der Natur durch die
Kraft der Seele unterstützen.

WENN die Sinnlichkeit mit dem Satan unterjocht bleibt, so ist die Seele, welche frei in tätiger Liebe verharrt, bei der Reinheit ihres Körpers, und bei der Reinheit ihres Herzens von Freude und Inbrunst durchdrungen.

Denn da die Finsternisse ihres Herzens und alle fremdartigen Dinge, welche durch ihr Gewicht ihr so viele sie niederdrückende Lastbündel waren, sie nicht mehr belästigen, so ist sie entzückt in dem Licht der unveränderlichen Wahrheit.

Sie unterstützt selbst durch die Kraft ihres Geistes die Schwäche ihrer Natur inmitten der Schmähungen, der Beschämung, der Verachtung, der Qualen, der Schmerzen und Betrübnisse, indem sie alle ihr begegnenden Vorfälle zur Ruhe verweist, in deren Genuß sie ist, und alle Veränderungen, die mit den vergänglichen Dingen vorgehen, zwingt zu ihrer Vervollkommnung beizutragen.

Sie gründet ihre Beruhigung auf nichts von allem dem, was sich ihr zeigt, selbst nicht einmal auf das Gute.

Denn sobald sie anfangen würde sich dabei zu beruhigen, so würde die Freiheit, die sie genießt, alsbald beschränkt zu werden beginnen.

Sie dringt immer weiter und weiter vorwärts, sie bricht den traurigen Eindruck der bunten Außenwelt, welche ihren Geist verwirren könnte, indem sie vollkommen ihr Inneres dem einzigen, dem höchsten und unveränderlichen Gut hingibt, welches ihr beständig gegenwärtig ist und worüber sie, sozusagen, zu verfügen hat.

So oft ihr dies Glück begegnet, so begegnet sie dem überaus reinen und erfreulichen Blick ihres Bräutigams und lernt die Freude des ewigen Wortes, den ewigen Vater, kennen, welcher dann von neuem in ihr hervorgebracht wird.

In diesem Freudengenuß findet sie eine unendliche Weite, die sich endet in die Ewigkeit, oder welche die Ewigkeit selbst ist.

In diesem Freudengenuß findet sie die Fülle aller Güter, wonach sie verlangen kann, wenn sie sich auch mitten in Leiden befinden mag, welche sie äußerlich von allen Seiten drängen.

Diese Fülle kommt aus zwei Quellen, erstens daher, daß sie alle Dinge mit Gott gemeinschaftlich hat und die Seele, welcher dieselbe zuteil wird, innerlich dies Wort vernimmt und daraus unglaublichen

Trost schöpft, nämlich: *mein Sohn, alle meine Güter gehören dir und alle, welche dir angehören, gehören mir.*

Die zweite Quelle jener Fülle ist diese. Gesetzt, daß sie nicht so fühlbar des höheren Einflusses teilhaftig wird, so setzt sie ihren ganzen Ruhm in ihre Niedrigkeit, in ihr Nichts, in ihre Schwachheiten an Leib oder an Seele in die Widersprüche, in die Bedrückungen in die Ohnmacht, irgend etwas Gutes durch sich selbst zu wirken, endlich in alles, was die ewige Vorsicht zuläßt, daß über sie komme.

So ist Gott mit ihr in allen Dingen zufrieden, weil sie sich mit Stärke und Mäßigung in der Fülle der Güter benimmt und weil sie mit Beharrlichkeit, mit Mut und zugleich mit Demut des Geistes alle Leiden, alle Verachtung, alle Schmach, welche sie bedrängen, erträgt.

Indem sie sich so schon jetzt mit dem göttlichen Heiland, ihrem Bräutigam, vereint findet und nur einen Geist und nur eine und dasselbe mit ihm ausmacht, spricht sie diese Worte Davids: *Sie haben mir heiße Kämpfe von meiner Jugend an bis auf diese Stunde bereitet, aber sie konnten mich nicht bezwingen, sie haben geschlagen meine Schultern, sie haben eine Menge von Wunden, eine nach der anderen, mir zugefügt, und fügen mir noch dergleichen auf allen Seiten zu, aber die Weisheit und die Demut, welche in mir wohnen, machen mich so kräftig und so stark, daß, welche Trübsale sie mir auch bereiten mögen, sie mich doch durch ihr Gewicht nicht zum Fall bringen werden, weil es keine Last gibt, sei sie innerlich oder äußerlich, welche, wie schwer sie immerhin sein möge, die Liebe nicht mit Leichtigkeit und Freudigkeit erträgt. Ich habe nur eine einzige Sache vom Herrn verlangt, und diese Sache ist nichts anderes, als er selbst. Ich werde danach ohne Unterlaß, Tag und Nacht, im ganzem Umfang meiner Kräfte verlangen, ohne mir wegen irgendeiner Sache Sorge zu machen, und ich werde zu allem, was nicht Gott ist, sagen: Ziehe dich von mir zurück.*

34. Kapitel.
Die Betrachtung ist unvereinbar mit
weltlichem Treiben und Unruhe.

DERJENIGE, welcher sich niederschlagen läßt, oder wer sich beunruhigt und mit äußeren Dingen beschäftigt, ist noch ein äußerlicher und kein Geistesmensch, er steht noch unter seiner Natur und noch nicht über derselben.

Die Richtung seiner Sinne auf die Gegenstände der Außenwelt hindert ihn, jener inneren Betrachtung sich hinzugeben, die sich mit der Zerstreuung und inneren Unruhe nicht mehr vereinigen läßt, als mit Niedergeschlagenheit, Trübsal, Beurteilung der anderen, Gewissenszweifeln und Unruhen, von welcher Seite sie auch kommen mögen.

So lange diese Übel dauern werden, wird er sich weder mit dem himmlischen Wort, dem Heiland, vereinigen, noch die himmlisch-reine Umarmung seines Bräutigams, welche ihn ganz umwandeln würde, empfangen können.

Derjenige, welcher ein wahres Verlangen hat, den Heiland, welcher sein Bräutigam ist, innigst zu umfassen, soll dergestalt stark, dergestalt ledig in allem sein, daß er beinahe keine Wahl in den größten, wie in den kleinsten Dingen hat, sondern, daß er in allem zufrieden mit Gott bleibt, indem er seine Vorsehung anbetet, welche von aller Ewigkeit her es angeordnet hat, daß die Dinge der Welt in der Art sich gestalten, damit der Friede seines Herzens nicht abhängt von der Wertschätzung von seiten der Menschen, und der Gestaltung der Verhältnisse, worin er sich befindet, sondern daß er gegen alles gleichgültig ist, daß er sich bei nichts aufhält, und daß er strebt, ohne Unterlaß sich durch den so mächtig wirkenden Hinblick auf die Wahrheit und durch Vereinigung mit dem Heiland zu erneuern, um in dieser Vereinigung mit unerschütterlicher Festigkeit und Beharrlichkeit innerlich und äußerlich zu verharren.

Behufs dessen hat er notwendig seine Seele in solcher Vorbereitung zu erhalten, daß sie stets in Freiheit und Unbeschränktheit lebe, welche auf keine Weise eine Verwicklung zuläßt, und welche das Herz auf solche Art aller irdischen Dinge entledigt, daß sie keinen Eindruck auf sie zu machen vermögen.

So soll er erstarken wie ein Fels bei allen Leiden, die er duldet, um sie mit solcher Kraft und Stärke zurückzustoßen, daß sie von ihm zurückweichen, ohne daß sie ihm schaden können.

Denn nichts kann demjenigen schaden, welcher alle Dinge zu seinem Besten benützt.

Möge er doch immer bei allen Begegnissen dies bedenken, und zu sich selbst sprechen: „Gott ist es, welcher mir dies Leiden zugeschickt hat, damit ich dadurch vollkommener, und ihm desto angenehmer werde."

35. Kapitel.
Die beiden Wege Jesu Christi von Herzen zu betrachten.

DER innere Mensch soll dem Heiland alles, auch das geringste, was ihm begegnet, darbringen, sobald er nur bemerkt, daß dasselbe ihm das Herz beschwert und alsbald werden sie ihre Kraft verlieren.

Er wird sich durch dies Mittel gewöhnen, sie von sich zu entfernen, und selbst mehrere zu gleicher Zeit zurückzuweisen.

Er wird an ihre Stelle jene sehen welche am meisten voll Dornen sind, damit er nicht fehlgehe mit der Betrachtung, welche er unaufhörlich über alle Dinge, welche jenseits Gott sind, machen soll, daß er mit ihm durch die Festigkeit, durch die Weisheit, durch die Erhebung seines Geistes vereint bleibe und daß er, sozusagen, in dem Herzen Jesu Christi wandelt, welcher unsere Liebe ist und in welchem er alle wünschenswerten Güter in unendlicher Fülle finden wird.

In dem Herzen Jesu Christi, unseres Bräutigams, lernen wir in allen Verhältnissen im Geist und in der Wahrheit zu wandeln; wir werden da ermahnt, die Augen stets gen Himmel gerichtet zu halten, wir erkennen hier, daß seine ewige Wesenheit, seine Macht und Majestät nur eine Wesenheit, nur eine Macht, nur eine Majestät mit der seines himmlischen Vaters bildet, daß er selbst der Abglanz der Herrlichkeit seines Vaters, die Gestalt seiner Wesenheit ist, daß er alle Dinge durch die Kraft des Wortes trägt, daß er Gott in Gott von Anfang her ist, daß er alle Dinge gemacht hat und daß wir außer ihm nichts verlangen sollen.

In seinem Herzen lernen wir seine glorreiche Menschheit kennen, welche voll Gnade und Wahrheit von Segen und Herrlichkeit erfüllt ist, wir lernen ihn kennen als das Haupt aller seiner Glieder, welche seine Auserwählten sind.

In seinem Herzen drängt uns der Heiland, sein Blut zu trinken im Geist und in der Wahrheit, dieses Blut, das ohne Aufhören mit so großer Fülle aus der Wunde seiner Seite fließt, aus welcher er in unserer Seele alle anderen Güter strömen läßt, damit dieselbe gesättigt werde und wir einigermaßen alles werden, was er selbst ist.

Dies erzeugt in uns eine so große Fülle des Geistes, daß dieselbe ohne Unterlaß mit Jesus Christus über alle Kreaturen sich ergießt, damit Gott alles in allen Dingen sei, und daß wir dies mit solcher Reinheit und Uneigennützigkeit vollbringen, daß wir mit nicht weniger Eifer wünschen, Gott möge alles in jedem Ding sein, als er dies in uns selbst sei, indem wir ja verpflichtet sind, alles Gute allen Menschen zu wünschen und zu tun und zwar mit der Herzlichkeit und Liebe Gottes.

So machen wir uns alle Güter eines jeden insbesondere zu unserem eigenem Gut, was sehr leicht denjenigen ist, die lieben, weil die wahre und aufrichtige Liebe nicht sich zurückhalten kann, sich zu verbreiten und zu lieben überall, wo sie sich findet, indem nichts mehr dieser

Gleichförmigkeit, welche wir mit Gott haben sollen, mehr eigen und natürlich ist, als sich in Verbindung zu setzen und ohne Unterlaß über alle Dinge zu verbreiten, weil ferner das sicherste Zeichen, daß wir mit dem Heiland vereint sind, dies ist, wenn wir ohne Mühe in dieser innigen Ausdehnung der Liebe wandeln, indem wir alles geben und alles mit Jesus Christus erfüllen.

Also können wir, so viel ein Mensch dessen fähig ist, den Himmel, die Erde und alle Dinge, welche sie enthalten, erfüllen durch unsere Liebe, welche Gott selbst ist.

Also werden wir in dem Herzen Jesu alle seine mit ihm vereinten Auserwählten besitzen.

Wir werden sie dem himmlischen Vater darstellen und ihm darbringen mit der Weite eines Herzens, welches frei und nicht geteilt ist.

Wir werden ihm das Elend und die Not aller Menschen überhaupt, und einiger insbesondere, nach den Zeitumständen darlegen.

Sodann werden wir den Heiland unseres Herzens selbst, im ganzen Umfang unserer Neigungen, an jedem Ort im Geist und mit soviel Liebe darbringen, als er sich selbst seinem himmlischen Vater darbringt und durch diese Aufopferung werden wir, indem wir unseren Geist, in dem Herzen Jesu Christi demütigen, zwischen seiner Gottheit und seiner Demut, Friede über Friede und eine überaus reine Liebe finden, durch welche wir alle Menschen in unser Herz und in jenes unseres Heilandes Jesu Christi aufnehmen und in der einfachen Wahrheit umfassen werden. Wir werden sodann ohne Schwierigkeit all unsere Trübsale überwinden und fest bei allen Ereignissen verbleiben ohne zu wanken, während wir in dieser Vereinigung verbleiben, weil wir dem Herzen Jesu Christi alles anvertrauen werden, was uns verwirren könnte und was verschieden ist von dem, was wir in demselben Herzen vornehmen, und zwar werden wir dies mit solcher Offenheit und Freimütigkeit dem Herzen Jesu anvertrauen, daß wir alle Übel, welche uns begegnen, mit einem unerschrockenen Mut ertragen und daß wir dieselben so leicht verjagen werden, als der Wind den Rauch verjagt, nämlich in Kraft der inneren Erkenntnis, welche so viel Stärke und Macht hat.

36. Kapitel.
Welches die Frucht aller heiligen Zeremonien und
aller Sakramente der Kirche sei.

ALLE Dinge genau zu erwägen, sich so sehr als möglich in dem reinen und wesentlichen Genuß der einfachen Wahrheit zu befestigen, in das Gebiet der himmlischen Liebe einzutreten und durch eine unauflösliche Vereinigung sich einigermaßen in dieselbe umzuwandeln, seiner selbst gänzlich entäußert zu werden, gegen die Güter der anderen dieselben inneren Gefühle zu haben wie gegen die seinigen, äußerlich mit tiefer Demut und heiliger Ehrfurcht die Sakramente der Kirche empfangen, innerlich mit Wirkung ihre Kraft und ihre heilsamen Früchte empfinden, so daß wir mit Jesus Christus vereint sind und wir in ihm verbleiben und er in uns verbleibe, dies ist die Frucht, die Wirkung, welche wir zu erhalten streben durch all diese Werke, welche keine anderen sind, als daß die Seele durch diese Übungen zu der Herrlichkeit ihres ersten Ursprunges, der Gott ist, zurückkehre.

Alles Gute, was möglich ist zu tun, alle Übel, welche uns zustoßen können, zu dulden, dies ist das Leben eines wahren Christen.

Alle anderen Dinge, welche uns äußerlich begegnen können, sei es, daß sie uns zur höchsten Stufe der Herrlichkeit erheben, sei es, daß sie uns zur tiefsten Erniedrigung herabwürdigen, vergehen mit der Zeit.

Daher muß man sich deswegen nicht viel Sorgen machen.

Bemühen wir uns vielmehr mit Lebhaftigkeit und Eifer gute Werke mit der Gnade zu wirken, die uns gegeben ist, zufrieden mit uns selbst und mit den anderen in allen Lagen zu verbleiben, in welche immer uns zu versetzen Gott belieben wird; bemühen wir uns sodann auf alle Dinge zu verzichten und sie uns von Herzen zu versagen, welche immer Gott uns versagen wird und welche er uns nicht bewilligen will.

37. Kapitel.
Wir müssen mit Geduld die Zurechtweisungen ertragen,
sei es, daß sie gerecht oder ungerecht sind.

WENN eine Zurechtweisung uns mit Recht zuteil wird, so sind wir damit zufrieden, weil sie uns wünschenswert ist und weil, indem wir derselben beistimmen, wir etwas von unserer Seite hinzufügen.

Im Gegenteil, wenn die Zurechtweisung ungerecht ist und unser Herz keiner Schuld an dem, weswegen man uns zurechtweist, sich bewußt ist, so wird sie äußerlich vorübergehend uns nicht berühren.

Demungeachtet benehmen wir uns in der Art, daß bei allen Widersprüchen, die uns begegnen können, seien sie gerecht oder ungerecht, mögen sie uns öffentlich oder nur vor wenigen treffen, man unser Herz nicht klagen und aus unserem Mund kein Murren vernehme.

Unser Geist verweile niemals in dem Getümmel oder bei unnötigem Getöse, noch möge unser inneres Auge mit Finsternis gegen die äußeren Übel, welche uns begegnen können, bedeckt sein, vielmehr möge unsere Seele immer den Frieden bewahrend geduldig verbleiben im Innersten ihres Herzens unter einem demütigen, ernsten und bescheidenen Angesicht, sie möge immer mehr zunehmen und um so tiefere Wurzeln in der Liebe fassen, als der Weg, welcher ihr offensteht, durch die Widersprüche breiter wird, so daß sie nur noch für das Sinn hat, was vom Geruch der Liebe erfüllt ist.

So wird unsere Seele völlig zu den inneren süßen Gefühlen gelangen, welche Jesus Christus während seines Leidens und alle Tage seines sterblichen Lebens hindurch gehabt hatte.

Möge der innere Mensch, welcher bei demselben fest verharrt und unerschütterlich in der Liebe, in der Wahrheit und in allen übrigen Tugenden verbleibt, niemals eine von diesen göttlichen Eigenschaften, was immer ihm auch begegnen mag, verletzen, damit er alle Dinge zu seinem Vorteil anordnet!

Er wird durch dieses Mittel den Frieden bewahren, wenn auch alle Dinge der Außenwelt zugrunde gingen, weil er in seinem Innern eine unbegrenzte Weite besitzt, welche unzertrennlich von der Liebe ist und weil es ihm an nichts fehlt, wie auch Zeit, Ort und Gegenstände beschaffen sein mögen.

Unsere Seele wird durch dies Mittel ein treues Werkzeug der Liebe, welches bereit ist, nach ihrem Wunsch innerlich oder äußerlich tätig zu sein und, mag sie beten oder betrachten, tätig oder ruhig sein, sie vertraut alles der Liebe an, damit sie, dieselbe unverletzlich in ihrem Herzen bewahrend, sodann in allem, was sie äußerlich vollbringt, erscheinen lasse.

So wird ihr Umfang ein unbegrenzter und sie bringt bei diesem einfachen Hinblick auf die Wahrheit und diesen großen Umfang des Herzens Gott so viele Opfer dar, als es jemals Opfer, Gelübde und gute Werke gegeben, gegenwärtig gibt und geben wird.

38. Kapitel.
Man muß eine allgemeine Liebe haben, welche
alle Menschen umfaßt.

MÖGE mich Jesus Christus eines Kusses würdigen, er, der wahre Bräutigam, ist zu edel und feinfühlend, um sich mit einer Seele zu vereinigen, welche auswärtig beschäftigt ist, welche in der

Trübsal seufzt, denn er hat keinen Teil an allem diesen. Möge doch diese Seele alle ihre Kräfte anstrengen und möge sie auf die edelste und möglichst beste Weise sich über alles erheben, möge sie im Genuß Jesu Christi, ihres Bräutigams, leben, und sich mit ihm in derselben Liebe vereinigen, womit er sie liebt und zwar auf eine Weise, welche über all unsere Gedanken erhaben ist, und welche wir nicht begreifen können.

Dies ist es was uns bewegen soll von ganzem Herzen in der Gegenwart Gottes zu verweilen, durchdrungen von Ehrfurcht und lebendigem Glauben um zu dürsten mit brennender Begierde nach dem Blut des Lebens und der Liebe, welches er für uns vergossen hat; diese Begierde wird uns anspornen alle Menschen liebend zu umfassen und sie zu Jesus Christus, der da ist das ewige Wort, hinzuziehen, um uns mit ihm zu vereinen, und mit Lust für seine Ehre alle Schmach, welche uns begegnen kann, zu erdulden, zu folgen dem Wink, den er uns gibt, niemals im geringsten alle diese Leiden, welche wir ertragen, seien sie Leiden des Körpers oder der Seele, zu schätzen, da die Spuren aller Schwächen, aller Hindernisse und aller Unvollkommenheiten, die wir, so lange wir auf der Erde sind, zu beseufzen und zu bekämpfen haben, einst in der Ewigkeit völlig getilgt werden.

Aber da wir nicht wissen, in welchem Maß die Menschen vor Gott angenehm und verherrlicht sind und sein werden, je nachdem ihre Vollkommenheit und Reinheit groß oder klein vor seinen Augen sein wird, so ist es am besten oft alle Menschen in der Liebe, mit Hintansetzung aller Dinge, welche zur Sünde führen, zu umfassen sich derselben (der Menschen) in Gott vor welchem wir einst in der Ewigkeit alle insgesamt erscheinen werden, allein zu erfreuen und von dem innigsten Bestreben beseelt zu sein mit dem Herzen Jesu Christi alle diejenigen zu vereinen, welche hienieden noch weniger vollkommen sind.

Hier auf Erden leben wir noch inmitten einer Unzahl von Stürmen, deswegen erhebe sich eines jeden Herzensstimme ohne Unterlaß, zu seiner Zeit, auf eigene Art, und an seinem Ort, zu dem Thron des Allerhöchsten.

Der gute Geruch unseres unschuldigen Lebens und unserer reinen Wünsche sei ein Rauchwerk, welches beständig vor Gott brennt und zu seiner Quelle wieder emporsteigt, gleichwie die Himmel bei der Ankunft des Wortes Gottes unseres Bräutigams Jesu Christi in Menschengestalt ganz von Honig überflossen.

Ebenso möchten wir bei seiner täglichen Erscheinung auf unseren Altären, so wie bei der fortdauernden Ergießung seines Heiligen Geistes und seiner vollkommen himmlischen Schönheit, womit er seine Auserwählten erfüllt, zu ihm ohne Unterlaß unsere Wünsche aufsteigen lassen, möchten wir getreu in seiner Gnade verharren und uns wechselseitig in heiliger Liebe umfassen, welche ohne Ende und ohne Maß sei.

39. Kapitel.
Wie das Herz frei werden kann.

NICHTS entlastet mehr das Herz, und nichts macht es mehr frei, nichts macht das Leben mehr frei, von aller Unruhe vor Gott ledig, nichts sammelt dasselbe schneller bei allen äußeren Zerstreuungen und von der großen Menge von Angelegenheiten, welche es umgeben, als sich niemals von den Gelüsten der Eigenliebe hinreißen zu lassen, welche Ereignisse auch immerhin über uns kommen mögen, seien es innere oder äußere, zeitliche oder ewige, und nie auf eine Seite mit mehr Vorliebe sich hinzuneigen, sondern mit aller Kraft jenen Neigungen zu folgen, welche er für die Ehre Gottes, für das Heil der anderen, für sein Heil, für die Ruhe seines Gewissens mehr ersprießlich halten wird und zwar ohne sich darum zu bekümmern, ob er es bequem oder unbequem findet.

Diese sichere Stellung wird ihn verhindern, etwas zu tun, was seine Seele verwunden könnte, indem er diesem oder jenem entgehen will.

Er kann im Gegenteil ohne Störung seines Friedens alles sehen, betrachten, vernehmen und erwägen, was man gegen ihn spricht oder unternimmt, allem vermag er ruhig entgegenzusehen, was nur darauf hinzielt, ihm zu schaden, ihn zu entehren, ihn zu demütigen, ihn zu beunruhigen und ihn zum Gegenstand der Verachtung und der Verabscheuung von der ganzen Welt zu machen.

Er wird mit derselben Ruhe allem entgegensehen, was dazu beitragen kann, ihn zu erheben und angesehen zu machen, ohne daß es, wenn auch noch so sehr verschieden, den Frieden zu stören vermöchte, dessen er sich erfreut.

Denn in dem Hinblick auf diese Dinge verschwendet er seine Aufmerksamkeit nicht auf die Güter der Sinnenwelt, sondern er geht daran, ohne sich dabei aufzuhalten, vorüber, indem er in seinem Innern den Besitz der einfachen Wahrheit und der engelreinen Liebe genießt, so daß seine Seele durch nichts in dem Besitz dieses Glückes gehindert, im Verein mit Gott stets und in allen Lagen im Glück, wie im Unglück gleichgestimmt ist.

Inhalt.

Zu dieser Ausgabe.

Der Text dieses Buches basiert auf folgenden Ausgaben:

1. *Seelengespräche von Gerlach, einem Geistesverwandten des Thomas von Kempis. Aus dem Französischen übersetzt. Mit Approbation des Hochwürdigsten Herrn Bischofes von Würzburg. Freysing 1848.*

2. *Selbstgespräche des Gerlach Petri, der zweite Kempis genannt. Frankfurt a. M. 1824.*

3. *Der zweite Thomas von Kempis oder des ehrwürdigen Gerlach Petri innige Selbstgespräche mit Gott. Aus dem Lateinischen übersetzt von Nic. Casseder, Köln 1849.*

Der Text wurde in die traditionelle deutsche Rechtschreibung übertragen, und zum besseren Verständnis für den heutigen Leser sprachlich bearbeitet.